Inhaltsverzeichnis

Vorwort

Liebe Kolleginnen und Kollegen in Kitas, Kindergärten, Heimen, Spiel- und Fördergruppen, liebe Eltern!

Tod und Trauer – keine „leichten" Themen! Unter Umständen lösen sie Schwermut aus oder werden sogar tabuisiert. Doch sollten wir uns in der professionellen Pädagogik und im Elternhaus dieser Thematiken nicht entziehen, denn früher oder später werden wir und unsere Kinder damit konfrontiert: Ein Haustier oder aber ein geliebter Mensch stirbt.

In meiner Kindheit bin ich bereits recht früh mit diesem Thema in Berührung gekommen. Für meine Eltern schien es ganz natürlich zu sein, mich am Sterbebett der Oma – im Schutze der Familie – mit dabei sein und mich in der Friedhofskapelle von meinem dort aufgebahrten Opa verabschieden zu lassen. Ich empfand dies weder als grausam, noch habe ich anschließend schlecht davon geträumt – im Gegenteil: Unverfänglich habe ich meinen Eltern Löcher in den Bauch gefragt und die Erkenntnis gewonnen, dass auch Erwachsene einen scheinbar nicht enden wollenden Strom an Tränen weinen können. Das Sterben gehört nun einmal zum Leben dazu. Im Umgang mit dem Tod sind die Eltern die ersten Vorbilder. Wie sie damit umgehen, so gehen auch die Kinder damit um.

Bewegen sich die Jüngsten im Alter bis zu sechs Jahren auch in ganz anderen Sphären als wir Erwachsenen (ich gehe in den „wissenswerten Sachinformationen zum Thema" auf S. 5 eingehend darauf ein), so wollen ihre aufkommenden Fragen doch ehrlich und authentisch beantwortet werden. Und Gefühle, die sich unweigerlich einstellen, sollten zugelassen und niemals unterdrückt werden.

Mit dem vorliegenden Literacy-Projekt zu dem wunderbaren Buch von Kai Lüftner und Katja Gehrmann möchte ich Ihnen Mut machen, sich in die Thematik hineinzubegeben und sie gemeinsam mit den Kindern zu erfahren.

Ihre
Maggie Jung

P.S.: Dieses Literacy-Projekt widme ich von Herzen meiner Freundin Eva, einer wundervollen Frau, Mutter und Erzieherin, die während meiner Arbeit an dem Manuskript für mich völlig unerwartet verstorben ist.

Hinweis:
Aus Gründen der besseren Lesbarkeit wird im Folgenden auf eine sprachliche Differenzierung der Geschlechterbezeichnungen verzichtet. Da die Erzieher in Kindertagesstätten zumeist weiblich sind, haben wir uns hier für die weibliche Form entschieden. Selbstverständlich sind stets alle Geschlechter angesprochen.

Vorbemerkungen und Arbeitshinweise

Zu den verwendeten Symbolen

Bildungsbereiche (jeweils das äußerste Symbol oben rechts auf den Arbeitsblättern):

 Literacy

 Musik

 Ästhetische Erziehung

 Umwelt-, Sach- und Naturbegegnung

 Gesundheit und Ernährung

 Mathematische Bildung

 Wahrnehmung und Entspannung

 Körpererfahrung und Bewegung

 Sozial-emotionale Bildung

Sonstige Symbole:

 für unter 3-Jährige geeignet

 geeignet für die Begabtenförderung

Layout:

- Die Seiten mit dem **Drachen** im Layout unten rechts sind für die Erzieherin gedacht.

- Die Seiten mit dem **Hamster** unten rechts sind Arbeitsblätter, die direkt mit den Kindern bearbeitet werden können.

Allgemeine Hinweise zur Organisation und Durchführung

Was ist Literacy?

Der Begriff *Literacy* beinhaltet sowohl die Lese- und Schreibfähigkeiten als auch das Verstehen von Texten und ihrem Sinn, den Satzbau und die Fähigkeit, selbst zu erzählen (Aussprache und Wortschatz). Der Umgang mit Bilderbüchern bildet hier einen wichtigen Ausgangspunkt. So werden das Interesse an Büchern und die Liebe zum (Selbst-)Lesen geweckt sowie die Freude der Kinder an Geschichten gefördert. Gleichzeitig werden Textverständnis, Konzentration und Merkfähigkeit geübt. Wissenschaftliche Untersuchungen zeigen, dass vielfältige Spracherfahrungen in der frühen Kindheit zu besseren Schreib-, Lese- und Sprachkompetenzen führen. Wichtig ist dabei, dass die Erzieherin ein dialogisches Lesen fördert, bei dem die Kinder Gegenstände benennen oder die Handlung nachvollziehen können. So werden das freie Erzählen, das Vorlesen und das Nacherzählen ebenfalls gefördert. Eine Leseecke, in die sich das Kind allein zurückziehen kann, regt es zur Auseinandersetzung mit Bilderbüchern an.

Tipps zum Vorlesen:

Für das Vorlesen und Selbstlesen von Büchern ist ein Raum geeignet, der wenig Ablenkung bietet. Spielzeug und eine zu bunte Wandgestaltung lenken ab, eine gemütliche Ecke mit Kissen, angenehmem Licht und Objekten, die zu der Geschichte gehören, laden die Kinder ein und bündeln ihre Aufmerksamkeit beim Buch. Wenn Sie als Erzieherin nicht genügend Zeit oder Muße zum Vorlesen haben, können Sie Eltern oder Großeltern als Vorlesepaten gewinnen. Beim Lesen sollten Sie konzentriert und ruhig sein und sich nicht noch um weitere Dinge kümmern müssen.
Ermutigen Sie auch die Eltern dazu, zu Hause mit ihren Kindern zu lesen!

Achten Sie beim Vorlesen auf folgende Dinge:

- Suchen Sie immer wieder den Blickkontakt zu dem Kind/den Kindern. An ihrem Gesichtsausdruck erkennen Sie, ob die Kinder den Text verstehen und ob sich Fragen ergeben haben.
- Wenn die Kinder Fragen haben, sollten Sie diese sofort klären. Sonst lässt die Aufmerksamkeit der Kinder nach und sie sind in Gedanken bei ihrer Frage. Auch könnten sie das Interesse an der Geschichte verlieren oder Ängste entwickeln.
- Lesen Sie dialogisch, stellen Sie Fragen oder lassen Sie die Kinder mitmachen. Was gefällt den Kindern an der Geschichte? Was sehen sie auf der Seite? Was interessiert sie noch an dem Bild? So fördern Sie gleichzeitig das Sprachvermögen der Kinder und ihre Freude am Buch.
- Lesen Sie das Buch mit Gefühl, also mit Freude, Wut, Trauer oder Spannung in der Stimme. Dies ermöglicht den Kindern ein Mitempfinden und intensiviert das Bucherlebnis. Auch ein Lesen mit verteilten Rollen, also unterschiedlichen Stimmlagen, kann den Kindern viel Spaß bereiten und zur Klärung des Textes beitragen. So erhalten und halten Sie die Aufmerksamkeit der Kinder beim Buch.
- Sprechen Sie nach dem Vorlesen mit den Kindern über das Gehörte. Stellen Sie Fragen und beantworten Sie die Fragen der Kinder. Lassen Sie die Kinder einzelne Passagen nacherzählen. So wird das Gehörte wiederholt und gefestigt. Zudem merken Sie, was die Kinder verstanden haben.

Themavertiefung im Freispiel / in der Leseecke:

Gestalten Sie mit den Kindern eine Ecke des Gruppenraumes zur Leseecke um. Hier sollten gemütliche Kissen liegen und eine angenehme Beleuchtung vorherrschen. Außerdem können hier die Bastelarbeiten aus dem Projekt aufgehängt oder zum Buch passende Materialien bereitgestellt werden.
Im Freispiel wird den Kindern zusätzlich die Möglichkeit gegeben, das Gehörte nachzuspielen. Unterstützen Sie die Kinder, indem Sie auch hier passende Materialien bereitstellen. Eine Verkleidungskiste kann ebenfalls von Nutzen sein.

Regeln im Umgang mit Büchern:

- Mit Büchern geht man vorsichtig und pfleglich um. Zum Lesen setzt man sich hin.
- Vor dem Toben oder Spielen werden die Bücher ins Regal oder in die Bücherkiste geräumt.
- Die Seiten des Buches werden nicht mit der Hand, sondern mit den Fingern umgeblättert.
- In ein Buch darf man nicht malen, schneiden, reißen oder kleben.
- Wenn das Buch doch einmal kaputtgeht, sagt man sofort der Erzieherin Bescheid.

Erstellen eines Portfolios:

Fertigen Sie gemeinsam mit den Kindern Portfolios an. Jedes Kind sammelt in einem Ordner oder Schnellhefter alle Bilder, Bastelarbeiten, Fotos und Arbeitsblätter zu diesem Projekt. So wird dokumentiert, was während des Projekts gemacht wurde, schöne Erlebnisse bleiben bewahrt und das Können der Kinder wird auch für diese selbst nachvollziehbar. Wenn eine Auswahl besteht, besprechen Sie evtl. mit den Kindern, welche Ergebnisse besonders gut einen Lernerfolg zeigen. So lernen die Kinder, sich selbst besser einzuschätzen. Für die individuelle Dokumentation wird ein Deckblatt passend zum Thema erstellt. Nach Abschluss des Projektes kann jedes Kind sein Portfolio mit nach Hause nehmen.

Wissenswerte Sachinformationen zum Thema

Tod und Trauer

Kinder beginnen recht früh, sich für den Tod zu interessieren, nämlich bereits im Alter von zwei Jahren. Ein toter Vogel auf dem Gehweg oder ein lebloser Regenwurm lassen eine Vorstellung von „belebt" und „unbelebt" entstehen. Viele Kinder greifen spontan zu einem Stöckchen, stupsen den sich nicht bewegenden Körper an. Begreifen können sie die Endlichkeit des Lebens jedoch noch nicht, dazu fehlt es an einer Vorstellung von Zeit. Lebensnotwendige Dinge kommen in der Regel immer wieder, so die Erfahrung von Kindern. Was verschwindet, kehrt zurück. Was schläft, wird wieder wach. Dennoch machen Kinder Verlusterfahrungen. Etwas Liebgewonnenes findet sich nicht mehr, Papa oder Mama zieht aus, die geliebte Katze „wacht nicht mehr auf". Kleine „Tode", die Verlustängste nach sich ziehen können, wenn das Kind in solchen Situationen nicht entsprechend begleitet wird. Die Folgen können von Gleichgültigkeit bis hin zu Traumata reichen.

Eltern sind wichtige Vorbilder und Helfer in Trauersituationen. Mutter und Vater sind die Ersten, von denen das Kind den Umgang mit dem Tod lernt. Emotionale Zuwendung, das Wahrnehmen und vor allem das Zulassen der Gefühle sind wichtig in dieser Zeit.

Ab vier Jahren beginnen Kinder, intuitiv zu denken. Sie verstehen nicht die Ursachen für Geschehnisse, können Dinge jedoch zuordnen und einstufen. Wird in der Familie über den Tod und das Sterben gesprochen (z. B. wenn Oma oder Opa gestorben ist), zeigt das Kind meist keine Angst, auch nicht vor einem Leichnam. Im Gegenteil: Wird die frühkindliche Neugierde stärker, so werden zum Beispiel tote Tiere auf dem Weg zum Kindergarten „untersucht" oder sogar gelegentlich „seziert". Kinder nehmen oft recht gefühlskarg den Tod eines Insektes in Kauf, nachdem sie es eingesperrt haben, um es zu „erforschen". Der Tod ist – bis zum Alter von etwa sechs Jahren – nicht wirklich fassbar, und das Versterben eines Menschen bereitet kaum Sorgen. „Tot sein" bedeutet, „nicht mehr so lebendig sein", demnach können Tote nicht mehr spielen und toben, doch sie müssen aus Sicht der Kinder zum Beispiel oft noch essen und trinken. Begrifflichkeiten wie „ewig", „für immer", Vergangenheit und Zukunft sind für sie kaum zu begreifen. Irgendwann kommen Verstorbene wieder, denn dass sie fort sind, ist bloß vorübergehend in der kindlichen Weltsicht. Für ein Kind zählt die Gegenwart. Dies ist im Rollenspiel deutlich zu beobachten. Alltagsgeschehen und Gehörtes wird hier verarbeitet, mitunter werden Spielkameraden „erschossen", Menschen werden (bei Verärgerung) „tot gewünscht" – all das gehört zur gesunden Entwicklung eines Kindes und sollte die Erwachsenen nicht erschrecken.

Was wir Erwachsenen dazu wissen müssen und wie wir Kinder begleiten können

Kinder im Vorschulalter beziehen alles, was im Alltag passiert, auf sich selbst. Nach dem Versterben eines Angehörigen könnte es daher passieren, dass ein Kind davon ausgeht, es sei am Tod dieses Menschen schuld. Es ist äußerst wichtig, in einer solchen Situation dem Kind zu vermitteln, dass nichts, was es jemals getan oder gedacht hat, den Tod des Menschen hervorgerufen hat. Selbst jemandem den Tod zu wünschen, verursacht kein Sterben desjenigen!

Unsere Gelassenheit hingegen ist gefragt, wenn Kinder das Erlebte nachahmen, wenn die Freundin im Rollenspiel vom Auto überfahren wird (und wieder aufsteht), wenn Schüsse fallen und Ähnliches.

Verlassen zu werden, das tote Haustier, die verstorbene Oma – Kinder benötigen in diesen Situationen enge Zuwendung. Feste Rituale und ein geregelter Tagesablauf geben dem Kind Halt, stärken das Vertrauen in dessen Umwelt und in die Menschen um es herum. Das Kind braucht Ermutigung, seine Gefühle wahrzunehmen und zu äußern. Sei dies durch Weinen, Schreien, wütendes Toben … Auch hier sind wir Erwachsenen Vorbilder. Lassen wir unsere eigenen Gefühle zu oder verstecken wir sie? Kinder sind sehr feinfühlig und spüren, wenn es zwischen Gefühl und nach außen gezeigtem Handeln eine Diskrepanz gibt.

Da Kinder Begrifflichkeiten sehr wörtlich nehmen, sollten wir Erwachsenen alles beim Namen nennen. Wörter wie „Tod", „gestorben" usw. zu vermeiden, ist also keine gute Idee. Wer tot ist, ist nicht eingeschlafen – auch wenn dies eine sehr schöne poetische Umschreibung ist, die gern in Todesanzeigen zum Tragen kommt. Erklären Sie dem Kind, dass der Körper des Uropas nicht mehr „funktioniert", dass sein Herz nicht mehr schlägt, dass er nicht mehr atmet, nicht mehr schaukeln und keine Karten mehr spielen kann.

Authentizität ist an dieser Stelle wichtig – auch wenn Kinder dieser Altersstufe ihre eigenen Erklärungen für den Tod finden und äußern. Dies liegt am sogenannten magischen Denken. Wirklichkeit und Fantasie werden miteinander vermischt. Es ist ein Schutzmechanismus, der das Kind vor einem Ausgeliefertsein bewahrt und ihm hilft, mit schwierigen Situationen umzugehen.

Was bedeutet all dies für den Umgang mit dem Buch „Für immer“ und die Arbeit mit dem Literacy-Projekt? Überträgt man die Entwicklung eines Kindes in Bezug auf Tod und Trauer auf Egon, so ist sicherlich auch die kleine Hauptfigur von „Für immer“ noch im magischen Alter. Der Tod seines Papas ist ihm noch unbegreiflich. Zwar benutzt Egon des Öfteren die Worte „für immer“, gleichzeitig sucht er selbst nach der Bedeutung dieser zwei Worte und findet eigene Erklärungen (z. B.: S. 10., S. 12 und S. 13 im Buch).
Eine große Rolle spielt für Egon seine Mama. Offensichtlich hat sie den Tod des Vaters ehrlich benannt, denn Egon weiß, warum bzw. woran sein Papa gestorben ist („Er hatte etwas Böses in der Brust ...“, s. S. 23 im Buch). Egons Mutter ist die wichtigste Bezugsperson für ihn. Sie ist bei ihm, gibt ihm Halt und hält Egon an der Hand. Auch ist ihr eigener Umgang mit dem Tod ihres Partners für Egon ausschlaggebend. So erlebt unsere kleine Hauptfigur seine Mutter sehr authentisch, da sie ganz offenkundig trauert, was ihrem traurigen Gesichtsausdruck zu entnehmen ist. Am Ende des Buches kann Egon seine Mama dann sogar wieder froh sehen, weil sie lächelt und das Leben für alle „Zurückgebliebenen“ (s. S. 24 Buch im Buch) weitergeht.
Durch das Literacy-Projekt bringen wir den Kindern die Thematik „Tod und Trauer“ in Egons kindlichen Worten nahe. Deshalb ist er auch so wichtig als Begleiter während dieses Projektes (s. dazu auch meine Empfehlung auf S. 7 bzgl. des Herstellens der Stabpuppe „Egon“). Halten Sie sich stets den Entwicklungsstatus der Kinder vor Augen. Gewähren Sie Fragen und kindlichen Erklärungen den Raum, den sie benötigen und bleiben Sie Antworten nicht schuldig. Die Durchführung des Projektes erfordert Feinfühligkeit, Geduld und Zeit, gutes Beobachten und Authentizität.
Das Buch sowie das Literacy-Projekt thematisieren starke Gefühle auf eine sensible Art. Egon durchläuft eine Achterbahnfahrt der Emotionen. Die hervorragende Darstellung der Mimik der einzelnen Figuren und die kindgerechten Erklärungen in Ich-Form helfen uns beim Erarbeiten der Begrifflichkeiten Trauer, Angst, Wut und zurückkehrender kleiner Momente von Fröhlichkeit. Und immer ist da der rote Drachen, der für Egon eine besondere Rolle als Erinnerungsstück und unentbehrlicher Trostspender spielt.

Medientipps

Literaturtipps:

Mennen, Patricia; Brockamp, Melanie:
„Wieso? Weshalb? Warum? – Abschied, Tod und Trauer“, Verlag Ravensburger, Ravensburg 2019, Spiralbindung, 16 Seiten.
ISBN: 978-3473329564

Rübel, Doris:
„Wieso? Weshalb? Warum? – Ängstlich, wütend, fröhlich sein“, Verlag Ravensburger, Ravensburg 2019, Spiralbindung, 16 Seiten.
ISBN: 978-3473328345

Für Vorschulkinder:
Endres, Brigitte; Schulze, Marc-Alexander: „Wo gehst du hin, Opa?“, Verlag Aracari, Zürich / Schweiz 2015, gebunden, 32 Seiten.
ISBN: 978-3905945461

Brink, Mele:„Wie is' es dir?: Gefühl auf Packpapier“, Editon Pastorplatz, Aachen 2014.
ISBN: 978-3943833034

Für Erzieher:
Hütter, Jenny: „Kita aktiv Projektmappe: Meine Gefühle – deine Gefühle“, BVK Buch Verlag Kempen GmbH, Kempen 2018.
ISBN: 978-3867402804

Musiktipps

Zu „Einführung in das Thema – Bilderbuchbetrachtung I“ und „II“, s. S. 9 und s. S. 12:
Ribeiro, Alexandre (Axelalex): „Glassman“, Streaming-Portale:
https://silvaribeiroalexan.wixsite.com/axelalexmusic/music?lang=de

Zu „Die Geschichte von Ferdinand“, s. S. 15 – 17:
McCartney, Paul: „Love Duet“ (Movement IV) aus: „Standing Stone“, London Symphony Orchestra (Lawrence Foster), EMI Records Ltd. / MPL Communications Ltd., London 1997.

Zu „Die Zeit fährt Karussell“, s. S. 32:
Zuckowski, Rolf: „Die Jahresuhr“, aus: „Rolfs Liederkalender: Die Jahresuhr“, Musik für Dich (Universal).

Zu „Der Wohlfühl-Park“, s. S. 39 – 40:
Ribeiro, Alexandre (Axelalex): „Blue Light Carpet“, Streaming-Portale:
https://silvaribeiroalexan.wixsite.com/axelalexmusic/music?lang=de

Zu „Freude, Trauer, Wut, – und ich?“, s. S. 47:
„Zwei Blickwinkel“, aus: Jung, Maggie: „Musik erleben – Tonspuren entdecken“, BVK Buch Verlag Kempen GmbH, Kempen 2020.
ISBN: 978-3-86740-774-8

Tipps und Anregungen zu den einzelnen Angeboten

Vorab:
Da es für die Stundenbilder wichtig ist, jeweilige Seiten des Bilderbuchs „Für immer“ schnell zu finden, nummerieren Sie bitte die Seiten mit Bleistift durch. Beginnen Sie dazu auf der Seite, auf der Egon alleine an der offenen Haustür steht mit „1“.

Zu „Einführung in das Thema – Bilderbuchbetrachtung I“, s. S. 9:
In diesem Literacy-Projekt steht die sprachliche Bildung im Vordergrund. Es gibt etliche Gesprächsrunden, sei es als Einführung zu einem Stundenbild oder als Hauptteil. Gerade beim Thema „Tod und Trauer“ ist es wichtig, dass Details mit den Kindern herausgearbeitet und besprochen werden. Denn es geht sehr viel darum, sich selbst, seine Gefühle und die der anderen gut wahrzunehmen und sie beschreiben zu können. Daher gebe ich eine Reihe von *Sprech-* und *Frageimpulsen*, die als Gesprächsanregung dienen können.

Zu „Stabpuppe Egon“, s. S. 20:
Es empfiehlt sich, vor Beginn des Literacy-Projekts die Stabpuppe Egon anzufertigen (s. S. 20), da Egon die Kinder durch das gesamte Projekt begleitet und im ein oder anderen Stundenbild auftaucht. Hier sei erwähnt, dass unter dem jeweiligen Punkt „Vorbereitung“ der Stundenbilder nicht mehr ausdrücklich auf das Anfertigen der Stabpuppe hingewiesen wird. Mitunter ist Egon Sprachrohr, Aufmunterer, Begleiter, Zuhörer und nicht zuletzt ein guter Freund. Daher liegt es ganz bei Ihnen, wann und wo Sie Egon einbinden möchten, auch wenn die Stabpuppe in manchen Angeboten nicht explizit Erwähnung finden sollte.

Zu: „Wer hat sich hier versteckt?“, s. S. 28:
Vorbereitend markieren Sie die Farbbegriffe bitte in den jeweiligen Farben:
◇ rosa, ○ beige, △ grau, □ schwarz

Zu „Wir bauen Sanduhren“, s. S. 31:
Das Herstellen einer Sanduhr erfordert Ihre ständige Begleitung. Daher ist es ratsam, sich bei diesen Arbeiten jeweils einem Kind nach dem anderen zu widmen.

Zu „Auf zum Picknick“, s. S. 35 – 38:
Anders als bei gewöhnlichen Würfelspielen geht es hier nicht unbedingt um das eigene Gewinnen. Bei jedem Aktionsfeld haben die Kinder die Option, entweder selbst schnell voran zu kommen oder stattdessen einem „Freund“ (also einer anderen Spielfigur) zum schnelleren Vorankommen zu verhelfen. Dabei geht es um das soziale Miteinander. Ziel ist, dass alle „Freunde“ möglichst schnell bei Egon eintreffen, um zusammen zu

spielen. Die Spielfiguren, die vor den anderen am Ziel eintreffen, nennen sich nicht „Gewinner", sie sind lediglich „früher angekommen" und warten dort gemeinsam mit Egon, bis alle Teilnehmer auf der Picknickdecke angekommen sind.

Zu „Der Wohlfühl-Park", s. S. 39 – 40:
Das Material-Angebot der Kita bestimmt die Ausstattung für dieses Stundenbild. Hat die Kita eine Turnhalle, einen Bewegungsraum, eine Entspannungsinsel? Welche Materialien sind dort vorhanden und können hervorgeholt und genutzt werden?
An diesem Stundenbild können maximal 6 bis 8 Kinder auf einmal teilnehmen, da Sie die Kinder an jeder Station begleiten müssen. Sollten Sie ein weiteres Mal mit denselben Kindern den Wohlfühl-Park nutzen, so sind die Kinder bereits in die Stationen eingeführt und in der Lage, die Körpermassage, das Gesichtskitzeln, das Klangerlebnis und die Yoga-Asanas selbstständig bzw. zu zweit ohne Anleitung durchzuführen.

Zu „Der Vertrauens-Parcours", s. S. 41 – 42:
An diesem Stundenbild können maximal 8 bis 10 Kinder auf einmal teilnehmen, da Sie die Kinder an jeder Station des Parcours begleiten müssen. Das Auffangspiel sollten **zwei** Erwachsene begleiten.
Das Material der einzelnen Stationen können Sie natürlich austauschen, wenn Sie in der Kita besser mit Alternativen arbeiten können.

Zu „Meine Familie & ich I: Wer gehört dazu?", s. S. 43 – 44:
Bei diesem Angebot sind Sie auf die Mitarbeit der Eltern angewiesen, da die Kinder Fotos mit in die Kita bringen sollen. Nutzen Sie hierfür gern die Vorlage für einen Elternbrief (s. S. 44). Den Kindern soll natürlich dennoch die Aufgabe des Beschaffens der Fotos aufgetragen werden.

Zu „Freude, Trauer, Wut, Angst – und ich?", s. S. 47:
Hier wird sehr deutlich, dass manche Gefühle eben nicht immer deutlich zum Vorschein kommen, wie Freude oder Trauer. Gerade Angst und Wut können sehr subtil bleiben und stehen auch in der Geschichte über Egon nicht im Vordergrund. Wir Erwachsenen können gut erahnen, welche Wut Egon möglicherweise verspürt haben könnte, als der Mann (ohne zu fragen) Egons Drachen nimmt und welche Angst Egon im „freien Fall" verspürt haben könnte. Wir alle haben sicherlich schon einmal eine Situation erlebt, in der uns geradezu „der Boden unter den Füßen weggebrochen ist". Den Kindern fehlt möglicherweise noch diese Erfahrung. Es gilt, ihnen mit viel Sensibilität auch Egons subtile Gefühle näherzubringen.
Meist fällt es (nicht nur) Kindern schwer, aus dem Stegreif die verschiedenen Gefühle darzustellen. Daher eignen sich Lieder besonders gut, die Emotionen darauf zu übertragen. Durch das gemeinsame Singen ist die Hemmschwelle nicht so groß. Auch schüchterne Kinder trauen sich eher, zusammen mit den anderen etwas thematisch darzustellen.
Das Stundenbild bzw. der Themenstrang „Gefühle" beschränkt sich in diesem Literacy-Projekt bewusst auf Trauer, Angst, Wut und Glück bzw. Freude. Selbstverständlich ist die Gefühlswelt weitaus differenzierter. Für die Kinder zwischen 3 und 6 Jahren ist die Erarbeitung der vier offensichtlichsten Gefühle jedoch altersentsprechend und zunächst ausreichend. Möchten Sie diese Thematik ggf. noch ausbauen, so empfehle ich das Zurückgreifen auf Materialien unter der Rubrik „Medientipps" (s. S. 6 / 7).

Zu „Unser Tröstekoffer", s. S. 51:
Hier sind Sie selbstverständlich frei, was den Inhalt des Tröstekoffers angeht. Dies ist natürlich einerseits abhängig von bereits vorhandenen Materialien in Ihrer Kita bzw. vom Budget und andererseits von den Vorlieben der Kinder. Vielleicht möchten Sie auch nur mit ein paar wenigen Dingen Impulse geben und die Kinder bringen ihre eigenen Ideen ein?

Zu „Und wenn jemand gestorben ist? – Sprechen wir darüber!", s. S. 52:
Kinder bis zum Alter von sechs Jahren verfügen kaum über ein Verständnis oder eine Vorstellung vom Tod. Dennoch machen sie all zu oft erste Erfahrungen mit dem Tod und ihrer Trauer. In diesem Angebot soll den Kindern signalisiert werden, dass es in Ordnung ist, darüber zu sprechen und Fragen zu stellen. Dieses Stundenbild kann auf der „Geschichte von Ferdinand" basieren bzw. auf den Erzählungen der Kinder im Schlussteil des oben genannten Stundenbildes.
Möglich ist auch die Bezugnahme auf die Bilderbuchseiten 6 / 7 und / oder 8 / 9.
Wichtig ist, die kognitive Entwicklung des Kindes zu berücksichtigen, was das Verständnis von „Tod" angeht (s. S. 5: „Wissenswerte Sachinformationen zum Thema").

Einführung in das Thema – Bilderbuchbetrachtung I

(Seite 1 bis 13) (ab 4 Jahren)

Materialien:
Bilderbuch „Für immer“, CD-Player, CD mit meditativer Musik (s. S. 7), bunte Tücher in beruhigenden Farben (z. B.: lila, grün ...), 1 blickdichtes Tuch, 1 Drachen mit Nylonfaden zum Aufhängen, Kopiervorlage „Karussell“ (s. S. 14), Stühle, 1 Trittleiter, 1 kleiner Nagel, 1 Hammer, 1 leeres Blatt

Vorbereitung:
Sorgen Sie für eine Atmosphäre, die der Thematik gerecht wird. Wählen Sie einen „stillen“ Raum, in dem Sie sicher sind vor Lärm und anderen Störungen.
Drapieren Sie die bunten Tücher auf dem Boden. Legen Sie den Drachen darauf und verdecken ihn mit dem blickdichten Tuch. Stellen Sie die Stühle in einem Halbkreis um die gestaltete Mitte herum.
Schlagen Sie in die Wand hinter Ihrem Stuhl – wenn möglich – einen kleinen Nagel, in etwa 2 m Höhe. Lassen Sie die Trittleiter für später hier bereitstehen.
Stellen Sie den CD-Player mit der Musik bereit und legen Sie das Bilderbuch verdeckt unter Ihren Stuhl. Bevor die Kinder den Raum betreten, stellen Sie die Musik bereits leise an. Ist dies nicht möglich, so können Sie die entsprechende Track-Nummer voreinstellen, damit Sie in der Durchführung das richtige Musikstück starten können, ohne zu suchen.

Durchführung:

Einleitung

1. Schleichen Sie sich mit den Kindern in den Raum. Die leise, meditative Musik wird die gewünschte Atmosphäre unterstützen, die gestaltete Mitte für die gewollte Neugier sorgen.

2. Benennen Sie Kinder, die jeweils ein Stückchen des oberen Tuches aufdecken dürfen, bis der kleine Drachen zum Vorschein kommt.

3. Ein Kind darf sich in die Mitte stellen und den Drachen an seinem Schweif festhalten.

4. Fassen Sie den Drachen am Nylonfaden und lassen Sie ihn tänzelnd in die Höhe „fliegen“. Unterstützen Sie das Ganze sprachlich: „Schaut einmal, wie hoch der Drachen fliegen kann – immer weiter und weiter!“ – „Einige von euch haben selbst einen Drachen. Wie hoch kann euer Drachen fliegen?“ – „Ein Drachen kann so hoch fliegen, dass wir ihn kaum noch sehen können. Vielleicht sehen wir ihn dann nur noch als kleinen Punkt am Himmel.“

5. Hängen Sie den Drachen dann an den Nagel in der Wand. Hier benutzen Sie, wenn nötig, die Trittleiter. Der Drachen ist nun so hoch, dass das Kind in der Mitte zwar nicht mehr nach ihm greifen kann, die Schnur jedoch weiterhin fest in der Hand hält. Sie begleiten dies wieder sprachlich: „Jetzt ist der Drachen so hoch oben, dass ihr ihn nur noch von unten sehen könnt.“

6. Dann sprechen Sie weiter: „Manchmal fliegt ein Drachen sogar bis hinter die Wolken, dann können wir ihn gar nicht mehr sehen. Doch was meint ihr? Ist er dann auch ganz weg?“ Die Kinder werden etwas antworten wie: „Nein, er ist immer noch da. Er wird an der Schnur festgehalten, deshalb ist er nicht weg.“

7. Darauf antworten Sie bitte zum Beispiel: „Das habt ihr gut festgestellt! Auch wenn der Drachen ganz weit weg ist, sodass ihr ihn kaum noch sehen könnt, ist er nicht wirklich weg. Ihr seid noch immer mit eurem Drachen verbunden. Schaut, *(Name)* hat die Schnur noch fest in seiner/ihrer Hand.“

8. Stellen Sie für den nun folgenden **Hauptteil** und für den Schluss die Musik aus.

Hauptteil

1. „Sicherlich seid ihr froh darüber, dass euer Drachen nie wirklich weg ist, auch wenn ihr ihn nicht mehr seht. Auch Egon ist darüber besonders froh!“ erklären Sie nun den Kindern und nehmen das Buch unter dem Stuhl hervor. Zeigen Sie den Kindern als Erstes die Seite 5. Bitte verdecken Sie Seite 4 mit dem leeren Blatt. Lassen Sie die Kinder erzählen, was sie hier sehen und gehen Sie dann auf die Seite ein: „Das ist Egon. Er hat einen roten Drachen“. Erklären Sie dann weiter: „Schaut einmal, wie fest Egon seinen Drachen in den Händen hält. Er möchte ihn nämlich niemals verlieren!“

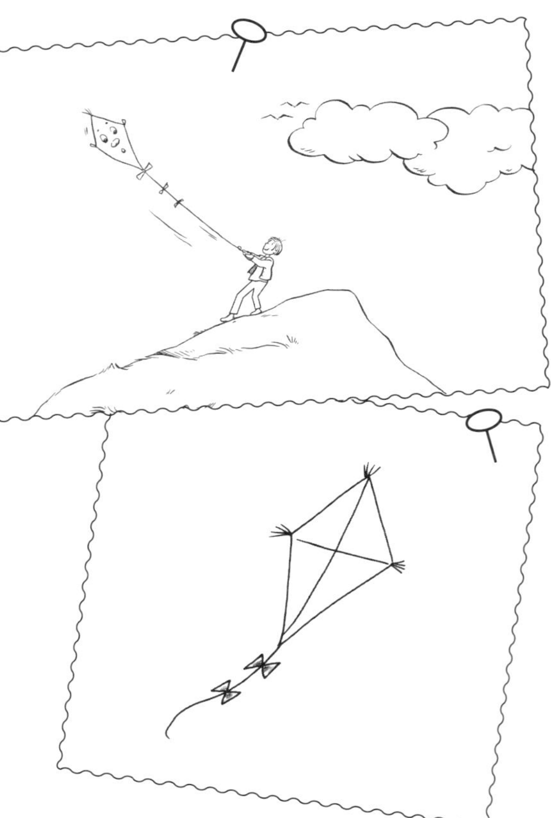

2. Nun lassen Sie die Kinder Seite 4 betrachten und fragen Sie sie, ob sie sich vorstellen können, warum Egon seinen Dachen so sehr liebt.

3. Gehen Sie über zum Erzählen der Geschichte, beginnen Sie mit dem Anfang der Geschichte. Halten Sie bei Seite 7 inne. Lassen Sie die Kinder hier ihre Gedanken erzählen und Gefühle beschreiben.

4. Blättern Sie dann noch einmal auf die Seiten 4 und 5 zurück. Streuen Sie nun Impulse wie: *Der rote Drachen ist immer dabei . – Egon hat ihn stets fest unter seinen Arm geklemmt. – Egon möchte den Drachen nicht verlieren. – Am liebsten möchte Egon den Drachen niemals weglegen, auch nicht, wenn er im Kindergarten spielt.* Lassen Sie die Kinder frei erzählen.

5. Machen Sie weiter mit den Seiten 6 bis 9. Streuen Sie auch hier wieder Sprechimpulse für die Kinder ein. Diese können sein:
Viele Menschen sind versammelt. – Wie sehen die Gesichter der Menschen aus? Wo befinden sich diese Menschen? Was machen sie dort? – Auch Egon ist dabei. Wieder hält er seinen Drachen fest eingeklemmt unter dem Arm. Jemand ist gestorben. Wer könnte dies sein? – Egons Mama ist in direkter Nähe von Egon.
Nehmen Sie sich die Zeit, hier intensiv über die Gedanken und Gefühle der Kinder zu reden. Gehen Sie auf die Kinder ein.

6. Kommen Sie danach zu den Seiten 10 und 11. Impulse hierbei:

Mama und Egon haben Papa verloren, er ist gestorben. –
Mama ist und bleibt bei Egon.

7. Betrachten Sie mit den Kindern die Buchcover-Innenseite (Doppelseite mit den kleinen Bildern) sowie Seite 1. Sprechen Sie mit den Kindern und erklären ihnen:
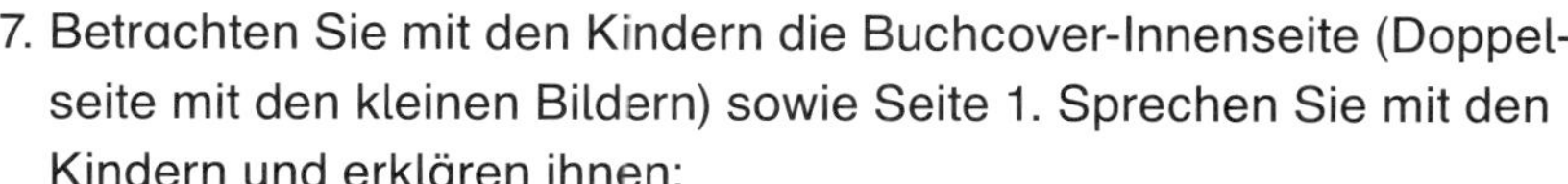
Früher, als Papa noch da war, hatten sie alle eine wunderschöne Zeit.
Die Kinder werden nun beschreiben, was sie alles erkennen können.

8. Gehen Sie zurück auf die Seiten 10 und 11. Werfen Sie den Kindern wieder sprachliche Impulse zu:
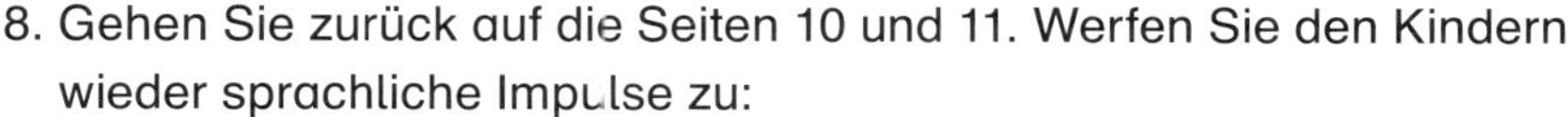
Egon hat den Drachen dabei; er erinnert ihn an Papa und die schöne Zeit mit ihm. – Nun ist Papa für immer weg. Zumindest ist Papa nicht mehr zu sehen. Wie ein Drachen, der hinter den Wolken verschwindet. Was denkt ihr?

9. Sprechen Sie weiter über diese Seiten:
Wie sehen die Gesichter von Mama und Egon aus? – „Für immer“ geht nicht mehr weg. – Alles, was normalerweise „super“ ist und Spaß macht, ist nicht mehr schön; alles ist traurig! – Egon möchte das

ändern, doch das geht nicht.

10. Betrachten und lesen Sie nun die Seiten 12 und 13. Wie mag sich Egon fühlen? Was sehen die Kinder auf den Seiten?

Abschluss

1. Leiten Sie den Abschluss wie folgt sprachlich ein: „Wenn ihr euch von zu Hause auf den Weg in den Kindergarten macht, dann seid ihr irgendwann im Kindergarten angekommen. Wenn ihr von zu Hause losgeht zum Supermarkt, dann seid ihr irgendwann dort. Doch ‚Für immer‘ ist so lang wie ein Weg, der niemals aufhören will oder wie eine Fahrt mit dem Karussell, das niemals wieder stoppt.“

2. Legen Sie die Kopie des Karussells in die Kreismitte. Die Kinder folgen mit ihrem Zeigefinger dem Pfeil und stellen fest, dass die „Karussellfahrt“ nicht von selbst zu Ende geht.

3. Beenden Sie die Einführung mit Worten wie:
„Nächstes Mal erzähle ich euch weiter von Egon und seinem roten Drachen.“

4. Nehmen Sie sich im Anschluss genügend Zeit, um Fragen der Kinder zu beantworten und Gedanken anzuhören.

Einführung in das Thema – Bilderbuchbetrachtung II

(Seite 14 bis 25) (ab 4 Jahren)

Materialien:
Bilderbuch „Für immer", Kopiervorlage „Karussell" (s. S. 14), 1 CD-Player, CD mit meditativer Musik (s. S. 7), 1 Drachen, bunte Chiffon-Tücher, weißer Stoff (40 x 40 cm), 1 Bleistift, 1 Stoffschere, Reißbrettstifte

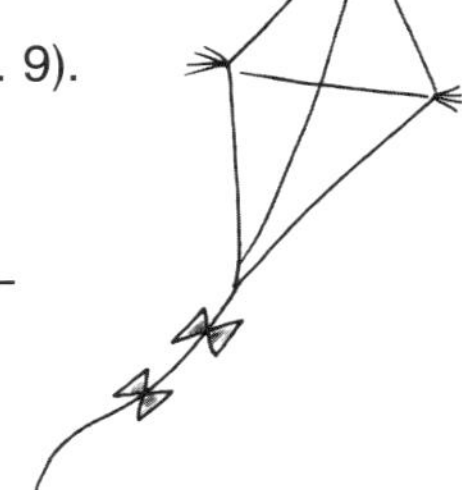

Vorbereitung:
Raumgestaltung wie bei der „Einführung in das Thema – Bilderbuchbetrachtung I" (s. S. 9).
Der Drachen hängt bereits an der Wand.
Malen Sie auf den weißen Stoff eine große Wolke und schneiden Sie diese aus.
Befestigen Sie die Wolke so an der Wand, dass der Drachenkopf komplett verdeckt ist – nur der Schweif hängt herunter. Das Bilderbuch liegt in greifbarer Nähe.

Arbeitsanleitung:
Einleitung
1. Die Kinder erzählen, was sie vom letzten Mal behalten haben. Fragen Sie sie, an was sie sich vom letzten Mal erinnern.
2. Wiederholen Sie ruhig Fragen und Impulse der letzten Stunde.

Hauptteil

1. Lesen Sie die Seiten 14 und 15 vor. Lassen Sie den Kindern Zeit, die Gesichter der Menschen zu betrachten. Impulse und Sprechanlässe, die Sie dann einwerfen können:
   Die Menschen sehen nicht fröhlich aus. – Die Menschen haben weit aufgerissene Augen. – Eine Frau hält die Hand vor den Mund und flüstert. – Eine andere Frau streichelt Egon. Warum macht sie das wohl? – Warum sagen die Leute, dass Egon „arm" sein könnte? – Egon tut den Leuten leid, weil sein Papa gestorben ist. – Ein Junge im Ringelpulli schaut nicht so traurig. Er lächelt sogar ein wenig, ist neugierig. Was könnte der Junge denken?

2. Lesen Sie dann die Seiten 16 und 17. Werfen Sie hier wieder Fragen und Sprechimpulse in den Raum:
   Die Erwachsenen machen Quatsch, obwohl Egon ja traurig ist. Warum machen sie das? – Ein Mann spielt mit Egons rotem Drachen. Ob Egon das wohl mag? – Wie findet Egon das Verhalten dieser Leute?

3. Fragen Sie die Kinder: „Ist einem von euch schon einmal das Lieblingsspielzeug kaputt gegangen?" Die Kinder werden entsprechende Situationen nennen. Fragen Sie dann weiter: „Und wer ist danach von Mama oder Papa oder jemand anderem getröstet worden?" Schauen Sie sich mit den Kindern zum Bilderbuch die Seiten 18 und 19 an. Fragen Sie sie: „Kennt ihr das, wenn ihr so traurig seid, dass ihr das Gefühl habt, zu fallen?". Warten Sie die Antworten der Kinder ab. Werfen Sie dann ein, dass es gut ist, wenn jemand da ist, der einen tröstet, da dann die Traurigkeit nicht mehr ganz so schlimm ist.

4. Wenn Sie nun mit den Kindern die Seiten 20 und 21 betrachten, lassen Sie als Erstes die Kinder erzählen, was sie hier sehen. Mögliche Impulse können sein:
   Wie schauen die Leute? – Sprechen die Menschen mit Egon? – Ein Mann versteckt sich sogar hinter einer Zeitung und ein anderer hinter einer Palme. – Hier ist auch wieder der Junge im gestreiften Pullover. Was möchte er wohl von Egon? Was macht er anders als die Erwachsenen?

5. Lassen Sie die Kinder zunächst die Seiten 22 und 23 betrachten – **ohne** den Text **vorzulesen.** Fragen Sie die Kinder, wie Egons Gesichtsausdruck hier ist. Erkennen die Kinder noch jemanden außer Egon wieder?

6. Lesen Sie nun die Seiten vor. Lesen Sie auch die letzten beiden Seiten. Sprechen Sie mit den Kindern über das Gelesene. Mögliche Fragen und Impulse können sein: *Ferdinand ist auch gestorben, wie Egons Papa. – Egons Papa hatte eine Krankheit, die viel schlimmer als Husten und Schnupfen war. – Wenn ihr krank seid, werdet ihr wieder gesund. – Der rote Drachen wird Egon immer an seinen Papa erinnern. – Der Drachen fliegt zum Himmel, bis hinter die Wolken; Egon sieht ihn vielleicht nicht mehr, doch er ist noch immer „irgendwie da", genau wie sein Papa …*

Abschluss

1. Lassen Sie die Musik leise laufen.
2. Der Reihe nach darf jedes Kind mit geschlossenen Augen den Schweif des Drachens, der an der Wand befestigt ist, berühren und somit fühlen, dass der Drachen hinter der Wolke noch immer da ist.

Kopiervorlage „Karussell“

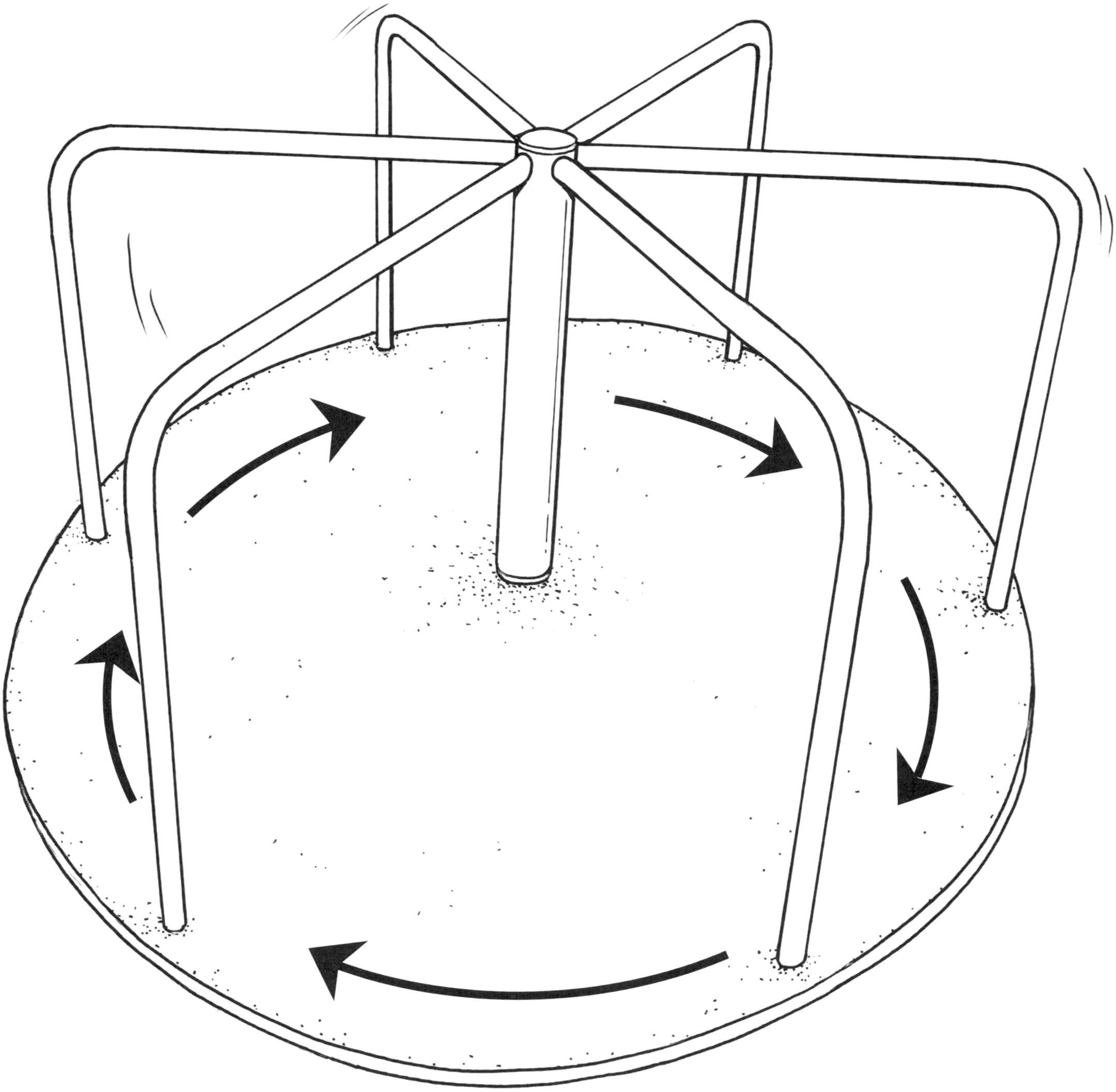

Die Geschichte von Ferdinand (ab 4 Jahren)

Materialien:
Kopiervorlage „Ferdinand“ (s. S. 17), 1 Tuch, evtl. 1 Stabpuppe „Egon“ (s. S. 20), 1 stabile Flasche zum Abstellen, je nach Jahreszeit getrocknete Blüten oder trockenes Laub, CD mit meditativer Musik (s. S. 7), Geschichte „Ferdinand“ (s. unten), 1 Erzählstein

Vorbereitung: Fertigen Sie eine Kopie von Ferdinand an und legen Sie diese verdeckt vor sich. Wenn Sie möchten, basteln Sie eine Stabpuppe von Egon. Stecken Sie die Stabpuppe dann in die Flasche und stellen Sie sie in die Mitte des Sitzkreises. Dekorieren Sie einen Kreis um die Flasche herum mit den Blüten oder dem Laub.
Bevor die Kinder den Raum betreten, stellen Sie die Musik bereits leise an. Ist dies nicht möglich, so können Sie die entsprechende Track-Nummer voreinstellen, damit Sie in der Durchführung das richtige Musikstück starten können, ohne zu suchen.

Arbeitsanleitung:
1. Wenn Sie die Stabpuppe in die Mitte gestellt haben, zeigen Sie darauf und fordern Sie die Kinder auf: „Begrüßt einmal alle Egon. Er ist heute mit dabei, denn er möchte uns etwas erzählen.“
   Wenn Sie keine Stabpuppe benutzen, beginnen Sie einfach mit Schritt 2.
2. Zeigen Sie den Kindern den Hamster Ferdinand. Fragen Sie die Kinder: „Erinnert ihr euch noch an Ferdinand?“ Lassen Sie die Kinder frei reden.
3. Sagen Sie ihnen dann, dass Egon den Kindern jetzt von seiner besonderen Freundschaft zu Ferdinand erzählen möchte. Dazu hat er eine Geschichte aufgeschrieben, die Sie vorlesen.

Die Geschichte von Ferdinand

Ferdinand war mein allerliebster Freund – mehr noch:
Er gehörte zur Familie.
Ferdinand war unser Hamster.
Habt ihr Haustiere?

(Die Kinder bringen sich ein. Achten Sie darauf, dass sie nicht vom Thema abschweifen, da sonst die Geschichte zu sehr unterbrochen wird.)

Na, dann versteht ihr ja gut, wie ich das mit unserem Ferdinand meine.
Denn eines Abends, als es schon dunkel war, begann Ferdinand zu fiepen. Das hatte er vorher noch nie gemacht. Er hatte sonst immer bloß ulkig gegurrt oder so lustige Niesgeräusche von sich gegeben. Das Fiepen, das war neu.
„Wir werden das beobachten“, sagte Papa, und es klang ein wenig ernst.
Hamster schlafen normalerweise tagsüber. Aber Ferdinand schlief nicht mehr gut. Er fiepte nun auch am helllichten Tag und abends noch mehr.

„Wir sollten das nicht mehr lange beobachten“, sagte Papa und klang jetzt ernster.

Oft nahm ich Ferdinand an diesem Abend aus seinem Käfig, um ihn herumzutragen.

Einmal kreischte er dabei so laut auf, dass wir sofort an diesem Abend noch mit ihm zum Arzt fuhren.

War euer Haustier auch schon mal krank?

Dann versteht ihr ja die ganze Aufregung um unseren Ferdinand.

Doktor Petersen hatte keine guten Nachrichten: „Tut mir leid“, sagte er.

Ich weiß noch genau, wie traurig er mich dabei anguckte. Ferdinand hatte dieses Ding mit T im Bauch … Ach ja, ich weiß wieder, wie es heißt: Tumor. Ferdinand hatte einen Tumor. Das ist ein böser Knubbel, der wächst und wächst. Das ist etwas ganz anderes als Husten oder Schnupfen. Oder als Masern und Dreitagefieber. Oder als Bauchweh, weil man zu viele Gummibärchen gegessen hat.

Diese Sachen hatte ich alle schon einmal, und ich bin jedes Mal wieder gesund geworden.

Seid ihr auch schon einmal krank gewesen?

(An dieser Stelle können die Kinder von ihrem Kranksein berichten. Bitte auch hier die Kinder immer wieder zum Thema zurückführen und die Geschichte nicht zu lange unterbrechen lassen.)

Seht ihr, danach seid ihr alle wieder gesund geworden. Nach den meisten Krankheiten wird man wieder gesund – nach den allerallermeisten. „Das sind die guten Krankheiten“, sagt Mama.

„Die, die einen stark machen und groß werden lassen.“

Und dann gibt es manchmal auch böse Krankheiten. Gegen die kämpfen Hamster oder andere Tiere oder auch Menschen – meistens gewinnen sie gegen Knubbel und ähnlich böse Dinger. Manchmal aber auch nicht.

Doktor Petersen konnte Ferdinand nicht mehr gesund machen.

Deshalb hat er Ferdinand Schlafmedizin gegeben, und Ferdinand ist friedlich in Papas Armen eingeschlummert.

Für immer.

4. Lassen Sie den Kindern ein paar Minuten Zeit, damit die Geschichte wirken kann.
5. Geben Sie den Erzählstein herum. Reglementieren Sie nicht. Lassen Sie offen, was die Kinder berichten möchten, doch führen Sie sie immer wieder zu den Thematiken der Geschichte zurück.
6. Es ist wichtig, dass Sie zum Schluss auf „Gesundwerden / -sein“ eingehen. Entlassen Sie die Kinder mit positiven und lebensfrohen Gedanken! Sagen sie zum Beispiel: „Schön, dass wir alle gesund sind.“ – „Gut, dass dein Papa die Grippe überstanden hat!“ …

Kopiervorlage „Ferdinand“

Klingeling und Ringering (Ich hab eine Uhr) (ab 2 Jahren)

© T + M: Maggie Jung 2021

Idee für das Singen im Kreis:
Jeweils zwei Kinder setzen sich auf den Boden inmitten des Stuhlkreises. Alle singen gemeinsam.
Bei „Ich" zeigen alle auf sich selbst, bei „du" auf ihr Gegenüber. An den „namenlosen" Stellen werden jeweils die Namen der Kinder aus der Kreismitte eingefügt. Diese beiden Kinder setzen sich nun wieder und es sind zwei andere Kinder an der Reihe, die im Lied besungen werden.
Möchte man bei dem Lied Instrumente einsetzen, so erhalten die Kinder in der Kreismitte zum Beispiel eine Triangel („Klingeling") und einen Schellenstab („Ringering") und spielen an den jeweiligen Stellen.

Bunter Drachen – Kreistanz (ab 2 Jahren)

	Tanz-Idee:
Ich bin ein bunter Drachen und warte auf die Bö.	Die Kinder hocken im Kreis hintereinander. Gleichzeitig mit dem Wort „Bö" drehen sich alle mit den Gesichtern zur Kreismitte schauend, die Hände sind in die Hüften gestützt.
Ich wackele mit meinem Schweif,	Noch in der (leichten) Hocke wackeln alle Kinder mit dem Po hin und her.
dann steig ich in die Höh.	Alle strecken sich nach oben und stellen sich dabei wieder hintereinander im Kreis.
Ich segle hier und segle dort,	Die Arme sind über den Kopf hinaus gestreckt; bei „hier" biegen die Kinder ihre Oberkörper zur Kreismitte hin, bei „dort" zur anderen Seite (nach außen).
mich trägt der Wind flugs weit, weit fort.	Alle fassen sich an den Händen …
Ho-heißaßa, der Wind ist da,	… und hüpfen links herum im Kreis,
er hebt mich hoch hinaus,	anschließend rechts herum. (Bei der Wiederholung: wieder links, dann rechts herum).
und wenn er nicht mehr pusten will,	Die Kinder pusten.
dann komme ich nach Haus.	Bei „nach Haus" bleiben alle stehen.

Stabpuppe Egon (ab 3 Jahren)

Materialien:
Kopiervorlage „Schnittmusterbogen" (s. S. 21), 1 Holzkochlöffel, Buntstifte (braun, rot, evtl. blau), 1 schwarzer Fineliner, evtl. 2 blaue runde Steine, Bilderbuch „Für immer", braune Wolle, flüssiger Bastelkleber, Textilkleber, 1 Pfeifenputzer (ca. 20 cm), Stoffreste: hautfarben/rosa, dunkelblau, weiß, 1 Kugelschreiber, 1 Stoffschere

Bastelanleitung:

1. Malen Sie Egons Gesicht auf die nach außen gewölbte Seite des Kochlöffel-„Kopfes". Nutzen Sie als Vorlage die Zeichnung auf Seite 19 im Buch. Malen Sie auch die markanten roten Wangen mit dem roten Buntstift.
2. Die Augen können Sie entweder mit dem blauen Buntstift aufmalen oder die blauen Deko-Steine mit Bastelkleber aufkleben.
3. Schneiden Sie braune Wollfäden als Haare zurecht und kleben Sie diese um den Kopf – an den Seiten und hinten. Für den Stirnbereich schneiden Sie kurze Wollfäden und kleben diese an.
4. Drehen Sie den Pfeifenputzer unterhalb des Kopfes am Löffelstiel fest, sodass links und rechts zwei gleichlange Arme entstehen. Fixieren Sie den Pfeifenputzer ggf. mit etwas Bastelkleber am Kochlöffel.
5. Legen Sie nun die kopierten Anziehsachen und Hände auf die passenden Stoffe und übertragen Sie diese mit einem Kugelschreiber darauf. Der Pullover und die Schuhe werden weiß, die Hose dunkelblau. Für die Hände benötigen Sie den hautfarbenen/rosafarbenen Stoff.
6. Schneiden Sie alles aus. Deuten Sie ggf. mit dem Fineliner die Finger, Schnürsenkel und Beine an.
7. Kleben Sie jeweils für die Vorder- und Rückseite der Stabpuppe die Hände an den Pulloverärmeln und die Schuhe an den Hosenbeinen mit Textilkleber fest.
8. Kleben Sie dann jeweils den unteren Pulloverrand und den Hosenbund mit Textilkleber zusammen.
9. Legen Sie die fertiggeklebte Kleidung für die Rückseite flach auf einen Tisch und platzieren Sie den Kochlöffel mittig darauf. Biegen Sie die Pfeifenputzerarme so zurecht, dass sie ebenfalls mittig auf den Pulloverärmeln liegen.
10. Bestreichen Sie den Stoff rundum an den Rändern mit Textilkleber. Lassen Sie unten eine Aussparung für den Kochlöffelstiel.
11. Legen Sie nun die Kleidung für Egons Vorderseite passend darauf und drücken Sie die Ränder an. Dann darf Egon trocknen.

Kopiervorlage „Schnittmusterbogen“

Roter Drachen (ab 3 Jahren)

Materialien (pro Drachen):
1 roter Bogen Transparentpapier (40 x 40 cm), 3 Quadrate rotes Transparentpapier (jeweils 10 x 10 cm), transparenter Klebefilm, stabiles Klebeband, 3 dünne Rundholzstäbe (1 x 4 cm lang und 2 x 14 cm lang), dünne Paketkordel (ca. 10 cm), 1 Nähnadel (mit großer Öse für die Kordel), ggf. Transparentpapierreste in diversen Farben, 1 Schere, 1 Klebestift

Bastelanleitung:

1. Falten Sie eine Ecke des Transparentpapierbogens auf die gegenüberliegende Ecke. Streichen Sie über die Faltkante und öffnen Sie den Bogen wieder zum Quadrat. Es ist eine diagonale Faltlinie entstanden.
2. Legen Sie das Quadrat so mit der unteren Gerade parallel zur Tischkante, dass die diagonale Faltlinie von unten links nach oben rechts geht.
3. Führen Sie die untere rechte Ecke so zur Diagonalen, dass die untere Kante des Quadrats und die Diagonale eine Linie bilden.
4. Dies wiederholen Sie mit der oberen linken Ecke, sodass die linksseitige Kante des Quadrates ebenso an der Diagonalen liegt.
5. Nun haben Sie eine sogenannte Eddy-Drachenform vor sich liegen. Verhindern Sie durch ein paar transparente Klebestreifen, dass sich die Faltarbeit öffnen kann.
6. Je nach Belieben kann auf der Vorderseite des Drachens ein Gesicht gestaltet werden: Schneiden Sie dazu Augen, Nase und Mund aus diversen Farben des Transparentpapiers aus und kleben Sie die Teile auf. (Egons roter Drachen hat kein Gesicht.)
7. Kleben Sie die Rundholzstäbe mit stabilem Klebeband so zusammen, dass sich ein sogenanntes Lateinisches Kreuz (Längsbalken länger als der Querbalken) ergibt. Kleben Sie das Kreuz anschließend mit transparentem Klebefilm auf die Innenseite der Eddy-Form: Klebestreifen auf den Knotenpunkt und jeweils auf die Enden der Streben.

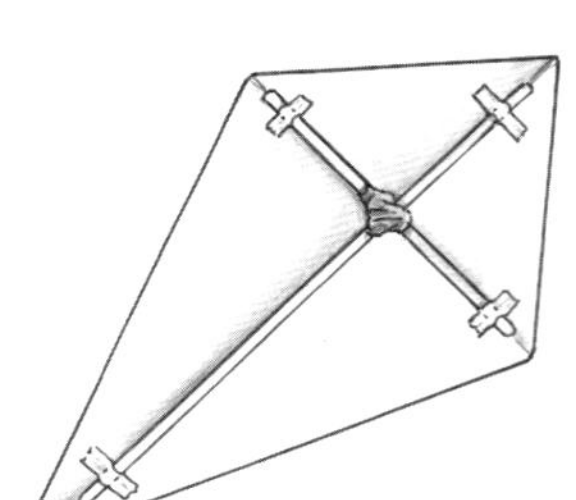

8. Falten Sie den Rand des Drachens rundum 4 cm nach innen und fixieren Sie den Rand mit transparentem Klebefilm, sodass die Enden der Längs- und Querstreben des Kreuzes mit eingefasst werden.
9. Schneiden Sie die Kordel einmal in ein 4 cm langes (a) und einmal in ein 6 cm langes (b) Stück Schnur. Knoten Sie das eine Ende der 4 cm langen Kordel an der Längsstrebe oberhalb des Kreuz-Knotenpunktes fest. Das andere Ende der Kordel knoten Sie im unteren Bereich der Längsstrebe fest. (Dies ist die spätere Aufhängung.)

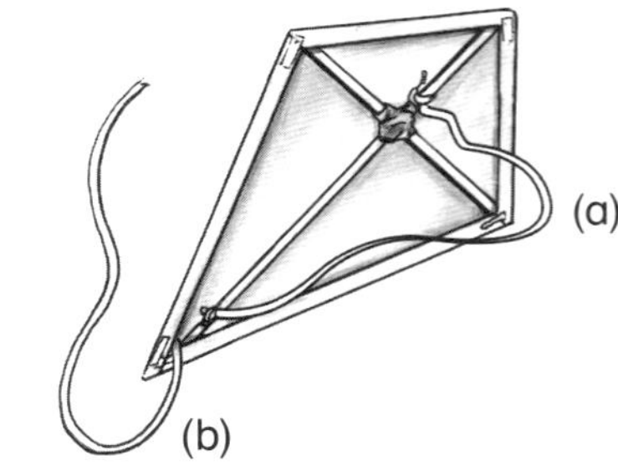

10. Fädeln Sie mit der Nähnadel das 6 cm lange Kordelstück durch die untere Spitze des Drachens. Das wird der Schweif.
11. Falten Sie kleine Ziehharmonikas aus den drei kleinen Transparentpapier-Quadraten und verknoten Sie diese jeweils mit der Schweif-Kordel.
12. Der Drachen kann nun an seiner Aufhängung ausbalanciert und dadurch etwas schräg ausgerichtet an die Decke gehängt werden.

Egon lässt den Drachen fliegen (ab 5 Jahren)

Spure die Flugbahnen von Egons Drachen nach.

Das bin ich! (ab 3 Jahren)

Materialien:
Kopiervorlage „Anziehpuppe“ (s. S. 25), Buntstifte, Tonkarton, Klebestifte, Scheren und / oder Prickelnadeln und -kissen, selbstklebendes Klettband

Bastelanleitung:

1. Die Kinder suchen sich Kleidungsstücke aus und malen diese sowie die Gesichter, die Haare und die Puppen bunt an.

2. Anschließend werden die ausgemalten Vorlagen auf Tonkarton geklebt und ausgeschnitten oder – von den jüngeren Kindern – ausgeprickelt.
   Achtung: Bitte die Laschen, die später zum Befestigen dienen, nicht abschneiden.

3. Schneiden Sie ein kleines Stück Klettband – etwa 5 mm^2 – zurecht.
   Kleben Sie jeweils einen weichen Teil des Klettbandes auf die Vorder- und Rückseite des Kopfes der Anziehpuppe.

4. Kleben Sie die harten Stücke des Klettbandes auf die Mitte der Rückseite der beiden Gesichter (☺ und ☹).

5. Die Kinder können ihre Anziehpuppe nun ankleiden, indem die Kleidungsstücke mittels umgeknickter Laschen fixiert werden.

6. Je nach akuter Stimmung können die Kinder ihrer Puppe das ☺-Gesicht oder das ☹-Gesicht aufsetzen.
   Das jeweils nicht genutzte Gesicht geht nicht verloren, wenn es am Hinterkopf angeheftet wird.

Kopiervorlagen „Anziehpuppe“

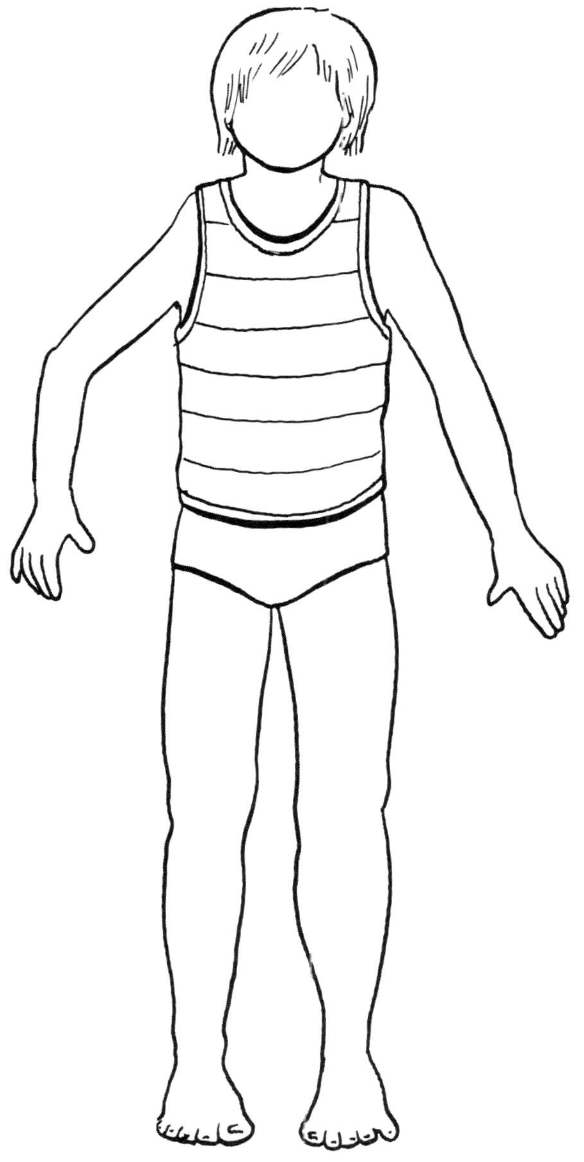

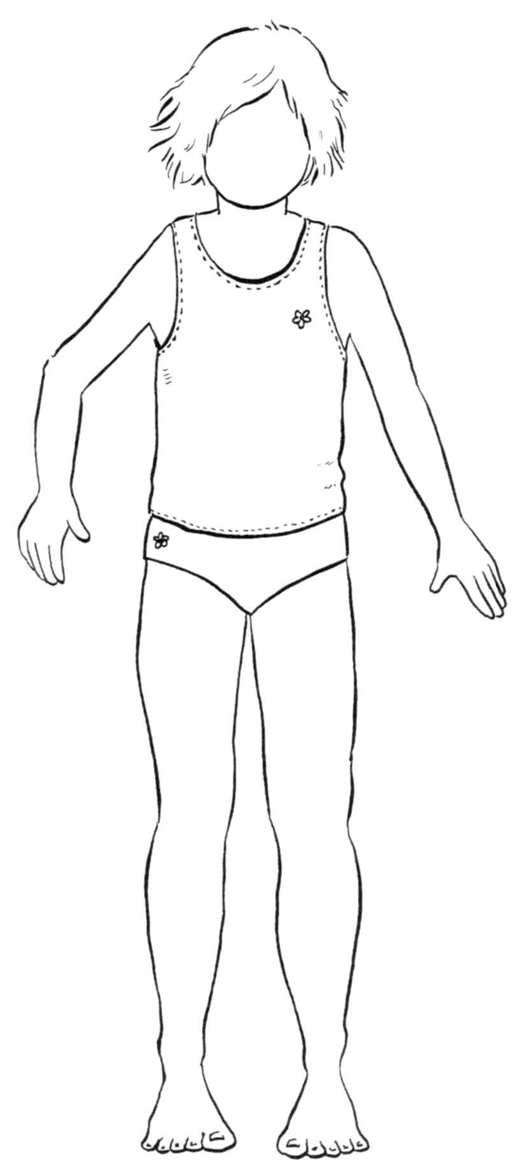

Lass Egons Drachen leuchten! (ab 4 Jahren)

Materialien:
Bilderbuch „Für immer“, Aquarellpapierbögen in DIN A3, pro Kind je 1 Wachsmalkreide in Rot und Hellblau, dunkelblaue Tusche (in einer Schale), breiter Malerpinsel, Malkittel, ggf. CD-Player und meditative Musik (s. S. 7)

Vorbereitung:
Bereiten Sie den Maltisch vor (Decke oder Zeitungen als Unterlage). Stellen Sie die benötigten Materialien bereit. Wenn Sie mögen, kann meditative Musik für stimmungsvolle Untermalung sorgen.

Bastelanleitung:

1. Die Seite 25 aus dem Bilderbuch „Für immer“ kann zur Anschauung dienen. Stellen Sie das Buch aufgeklappt und für die Kinder gut sichtbar in der Nähe auf.

2. Verteilen Sie die Aquarellpapierbögen an die Kinder.

3. Auf die Bögen malen die Kinder Egons roten Drachen mit der roten Kreide. Die Drachenschnur wird in Hellblau gemalt. Wenn möglich, sollte die gesamte Fläche des Papierbogens genutzt werden, denn je größer und farbintensiver der Drachen wird, desto schöner wird das Ergebnis leuchten!

4. Anschließend bestreichen die Kinder – mit Ihnen gemeinsam – ihr Bild mit der dunkelblauen Tusche.

Wer hat sich hier versteckt? (ab 5 Jahren)

Male die Felder in den richtigen Farben an.

◊ rosa, ○ beige, △ grau, □ schwarz

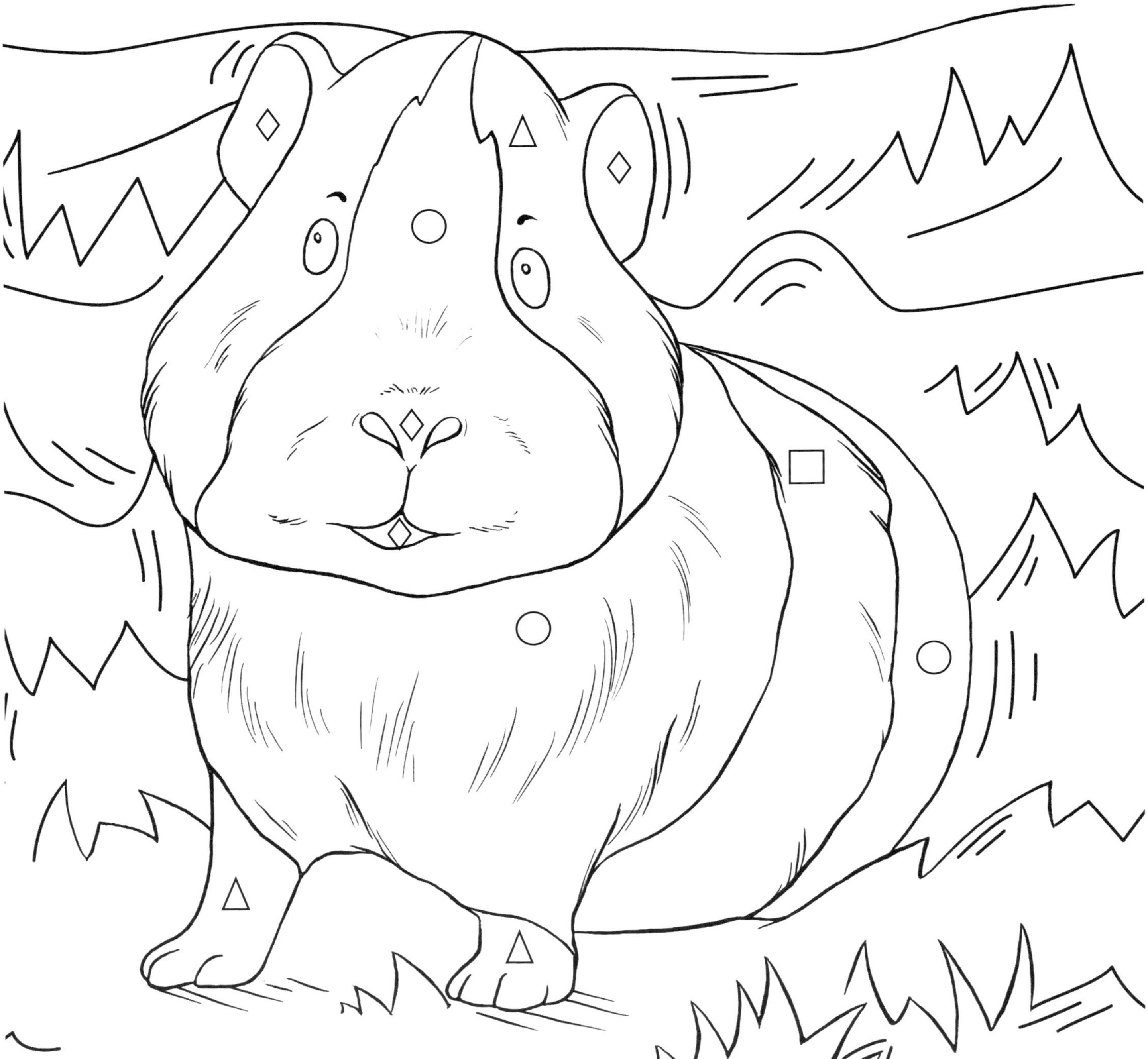

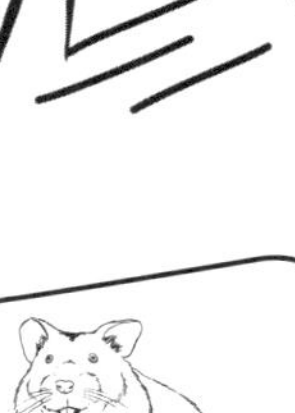

Zeit-Experimente (1) (ab 4 Jahren, für 8 Kinder)

Materialien:
Tabelle (s. S. 30), Sanduhren mit verschiedenen Zeiteinheiten (30 Sekunden, 1 Minute, 3 Minuten, 5 Minuten, 10 Minuten), 1 Körbchen, 1 blickdichtes Tuch, 1 Lernuhr, 2 Schüsseln mit Muggelsteinen o. Ä., 2 leere Schüsseln, 2 Säcke zum „Sackhüpfen“, 1 Kiste voll mit Bauklötzen, 2 Langbänke

Vorbereitung:
Falls die Kita keine Sanduhren besitzt oder Sie keine gekauften Sanduhren verwenden möchten, können Sie vorbereitend selbst Sanduhren herstellen (s. S. 31). Sie benötigen einen Raum, in dem – nebst Tisch mit Stühlen – genügend Platz zum Bewegen und Bauen ist.

Bereiten Sie vier Experimentierecken vor:
1. Tisch mit den Muggelstein-Schüsseln und den leeren Schüsseln
2. Kiste mit Bauklötzen
3. 2 Säcke
4. Langbank

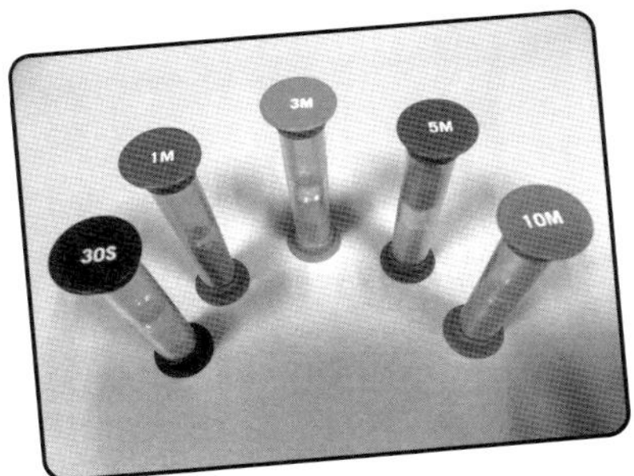

Drapieren Sie einen Sack für das Sackhüpfen in einer Raumecke. Die Kiste mit den Klötzen stellen Sie in die entgegengesetzte Ecke. Setzen Sie sich zunächst mit den Kindern auf den Fußboden. Das Körbchen mit den Sanduhren haben Sie in greifbarer Nähe.

Spielanleitung:
1. Lassen Sie die Kinder unter dem Tuch in das Körbchen greifen und je 1 Sanduhr herausnehmen. Die Kinder werden unaufgefordert daran schütteln bzw. die Uhren so drehen, dass der Sand zu rieseln beginnt.

2. Die Kinder stellen die Sanduhren nebeneinander auf den Tisch. Sie sollen nun beobachten, wie der Sand durch die Sanduhren läuft. Fragen Sie die Kinder, ob ihnen etwas auffällt. Die Kinder werden feststellen, dass der Sand unterschiedlich schnell durchläuft. Das liegt zum einen an der Füllmenge des Sandes, zum anderen an der Durchlässigkeit des „Uhren-Halses“.

3. Demonstrieren Sie anhand der Lernuhr, von wo bis wo sich der Sekundenzeiger bewegt, wenn er 30 Sekunden zählt, und wie viele Runden der Minutenzeiger bei einer, drei, fünf und zehn Minuten drehen muss.

4. Durchlaufen Sie mit allen 8 Kindern gemeinsam alle vier Experimentierfelder, wobei Sie jeweils zwei Kinder (aufgrund des geeigneten Alters) auswählen, die dort aktiv werden, alle anderen dürfen solange Beobachter sein. Setzen Sie in jedem Experimentierfeld zwei unterschiedliche Sanduhren ein und ziehen Sie mit den Kindern jeweils ein kurzes Fazit nach jeder Aktion.

5. Im Anschluss sprechen Sie mit den Kindern über die Ergebnisse und ihre Erfahrungen.

Zeit-Experimente (2) (ab 4 Jahren, für 8 Kinder)

Gerät	Aufgabe	Sanduhren für	Das soll herausgefunden werden
Tisch	Die Kinder legen die Muggelsteine in die leeren Schalen.	30 Sekunden 3 Minuten	Wie viele Steine können in 30 Sekunden und wie viele in 3 Minuten in eine Schale gelegt werden?
Langbänke	Die Kinder ziehen sich auf dem Bauch liegend über die Langbänke.	1 Minute 3 Minuten	Wie oft können sich die Kinder innerhalb von 1 Minute und innerhalb von 3 Minuten über die Bank ziehen?
Säcke	Die Kinder hüpfen in den Säcken quer durch den Raum.	30 Sekunden 5 Minuten	Wie oft schaffen es die Kinder, bei 30 Sekunden und bei 5 Minuten hin und her zu hüpfen?
Bauklötze	Die Kinder legen einen Baustein an den anderen.	1 Minute 10 Minuten	Wie lang wird die Bauklotz-Schlange in 1 Minute und wie lang in 10 Minuten?

Wir bauen Sanduhren (ab 4 Jahren)

Materialien:
pro Kind 2 Schraubgläser der gleichen Größe, Bastelkleber, Quarzsand, 1 großer Nagel, 1 Hammer, 1 Brett als Werkunterlage, Klebeband aus Textil (nicht breiter als zwei aufeinanderliegende Deckel), 1 Stoppuhr, kleine Klebeetiketten zum Beschriften und Bemalen, Filzstifte, selbstklebende Deko (z. B.: Perlen, Glitzersteine, Aufkleber o. Ä.)

Bastelanleitung:

1. Kleben Sie die Oberseiten der beiden Glasdeckel aufeinander und lassen Sie den Kleber gut trocknen.

2. Verkleben Sie die „Naht" zwischen den beiden Deckeln zusätzlich mit Textilklebeband.

3. Legen Sie die zusammengeklebten Deckel auf das Brett und schlagen Sie mit Hilfe des Nagels und des Hammers ein Loch mittig durch beide Deckel.

4. Füllen Sie ein Glas zu einem Drittel mit Quarzsand und schrauben Sie es an einen Deckel.
   Schrauben Sie auf den anderen Deckel das andere Glas. Fertig ist die Sanduhr.

5. Nun wird es spannend: Das Kind dreht seine Sanduhr um. Stellen Sie gleichzeitig die Stoppuhr und messen Sie, wie lange der Sand braucht, bis er durchgelaufen ist.

6. Beschriften Sie ein Etikett entsprechend mit der Zeitangabe und kleben Sie es auf die Sanduhr. Möchten Sie Sanduhren mit bestimmten Zeiten herstellen, so müssen Sie die Menge des Sandes anpassen (etwas Sand dazugeben bzw. etwas entnehmen), indem Sie die Sanduhren immer wieder starten und die Zeit per Stoppuhr messen.

7. Nun ist das nächste Kind an der Reihe.

8. Zum Schluss dürfen die Kinder ein Klebeetikett mit ihrem Namen beschriften oder bunt anmalen und es an den unteren Rand ihrer Sanduhr kleben.

9. Die Gläser können mit selbstklebender Deko individuell verziert werden.

Die Zeit fährt Karussell (ab 5 Jahren)

Materialien:
Bilderbuch „Für immer", Kopiervorlage „Jahreskarussell" (s. S. 33), Buntstifte, 1 Schere, 1 großen Tonkartonbogen, evtl. 1 CD-Player, evtl. Lied „Die Jahresuhr" (s. Musiktipps S. 7)

Vorbereitung:
Poster: Drucken Sie die Vorlage aus und gestalten Sie das Karussell mit Buntstiften entsprechend farbig. Schneiden Sie das Jahreskarussell aus und kleben Sie es auf stabilen Tonkarton.
Puzzle: Kopieren Sie Ihr farblich gestaltetes Poster, kleben Sie es ebenfalls auf Tonkarton und schneiden Sie das Bild entsprechend der fein gestrichelten Linien auseinander. Verteilen Sie die Puzzleteile unsortiert und mit den Bildern nach unten auf einem Tisch. Legen Sie das Poster in greifbarer Nähe bereit.

Arbeitsanleitung:

1. Schlagen Sie im Bilderbuch die Doppelseiten 12 und 13 auf und lesen Sie die Zeilen der beiden Seiten. Fragen Sie dann die Kinder: „Wisst ihr noch, mit was Egon das ‚Für immer' verglichen hat?" Einige Kinder werden sich vielleicht noch an das Karussell aus der „Einführung in das Thema" erinnern.

2. Zeigen Sie den Kindern das Poster des Jahreskarussells und besprechen Sie die Monate und Jahreszeiten. Dabei soll herausgestellt werden, dass ein Jahr zwar mit dem Dezember zu Ende geht, doch sich daran sogleich wieder der Januar anschließt und die Zeit somit immer weitergeht.

3. Singen Sie an dieser Stelle gerne das Lied „Die Jahresuhr" von Rolf Zuckowski (s. Medientipp S. 7), da es die Ewigkeit der Zeit prima verdeutlicht. Dies ist natürlich kein Muss, nur wenn Sie die Möglichkeit hierzu haben.

4. Stellen Sie das Poster für alle Kinder gut sichtbar in der Nähe auf.

5. Wenden Sie die Puzzleteile.

6. Alle Kinder helfen nun mit, das Puzzle zusammenzufügen.

7. Zum Abschluss darf gern nochmals die „Jahresuhr" gesungen werden. Sollten die Kinder das Lied noch nicht gekannt haben, dürfte es spätestens nun in „Fleisch und Blut" übergehen.

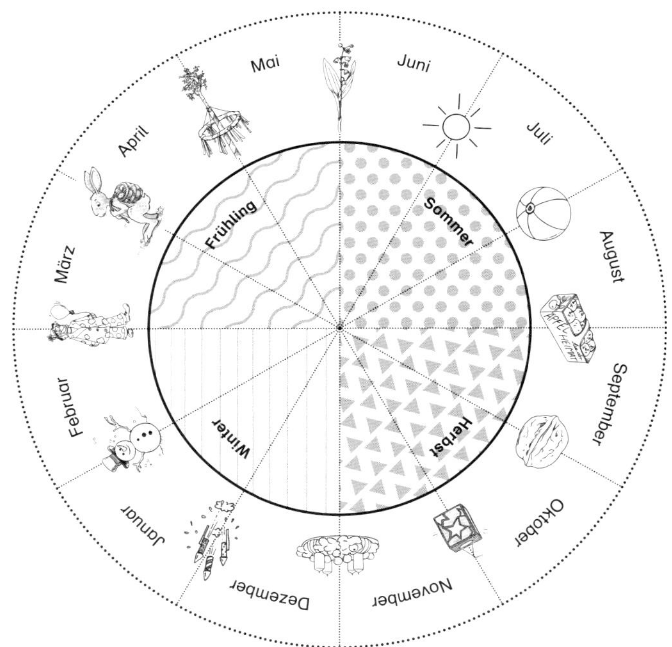

Kopiervorlage „Jahreskarussell“

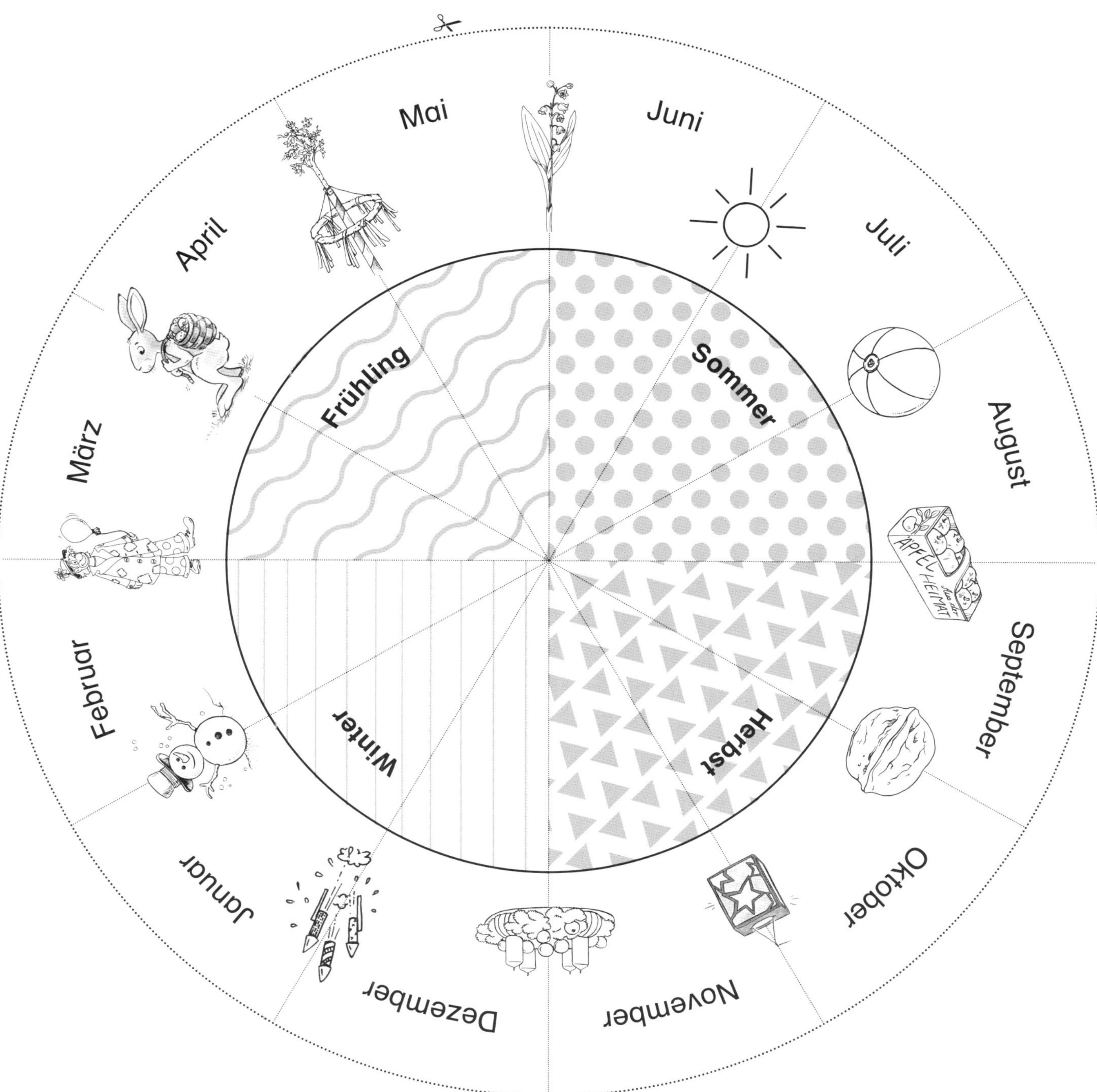

Wo ist Egon? (ab 5 Jahren)

Verbinde die Zahlen, dann erfährst du, wo sich Egon am liebsten aufhält!

10 9 8 7 6 5 4 3 2 1

BVK • Maggie Jung: Literacy-Projekt zum Bilderbuch „Für immer“

Auf zum Picknick (ab 4 Jahren, für 1 – 4 Spieler)

Bastelanleitung Spielbrett

Materialien:
Kopiervorlagen „Spielbrett" (s. S. 37/38), Buntstifte, 1 Kleber, ggf. Laminiergerät und -folie, 1 Zahlenwürfel, Kopiervorlagen „Spielfiguren" (s. u.)

Vorbereitung:
Kopieren Sie die Vorlagen für das Spielbrett. Malen Sie die Seiten an und kleben Sie diese zusammen. Wenn Sie das Spielbrett laminieren, wird es robuster und haltbarer. Fertigen Sie die Spielfiguren in vier unterschiedlichen Farbtönen an.

Spielanleitung:
1. Alle teilnehmenden Figuren werden auf das Startfeld (Bett) gestellt.
2. Lesen Sie den Kindern den Text zum Start vor.
3. Es wird reihum im Uhrzeigersinn gewürfelt.
4. Gelangt ein Kind mit seiner Spielfigur auf ein Aktionsfeld (Fußsymbol), lesen Sie die jeweilige Aufgabe vor. Bei einigen Aktionsfeldern gibt es die Option, einer anderen Spielfigur zu einem schnelleren Weiterkommen zu verhelfen. (Bitte beachten Sie hierzu die „Vorbemerkungen und Arbeitshinweise", s. S. 8.)
5. Die Picknickdecke, auf der Egon bereits wartet, ist das Zielfeld. Dieses muss punktgenau mit einer passenden Würfelzahl erreicht werden – es sei denn, der Spieler verschenkt seine überschüssigen Punkte an einen Mitspieler.

Bastelanleitung Spielfiguren

Materialien:
Kopiervorlage „Spielfiguren" (s. unten), farbiges Papier für den Kopierer in 4 Farben, 2 Kugeln aus Styropor Ø 1,5 cm, , 1 scharfes Messer, 1 Cutter, 4 verschiedene Acrylfarben entsprechend dem farbigen Papier, 4 Pinsel, ggf. Flüssigkleber

Arbeitsschritte:
1. Halbieren Sie die Kugeln mit einem scharfen Messer.
2. Malen Sie die Halbkugeln mit je einer Acrylfarbe an.
3. Schneiden Sie mit einem Cutter oben einen ca. 1 cm breiten Schlitz in die getrockneten Halbkugeln.
4. Kopieren Sie die Spielfiguren (s. unten) und malen Sie sie passend zur Kugel an. Anschließend werden die Figuren laminiert und ausgeschnitten.
5. Nun stecken Sie die Spielfiguren in die Schlitze der Halbkugeln, ggf. mit etwas Kleber fixieren.

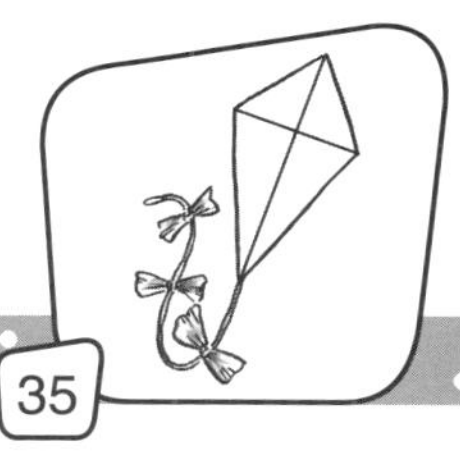

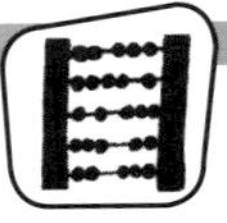

Ziel des Spiels:
Vier Kinder aus Egons Straße treffen sich heute mit Egon. Gemeinsam möchten sie picknicken. Egon hat bereits im Park die Picknickdecke ausgebreitet und wartet sehnsüchtig auf seine Freunde.

Startfeld (Bett): Rrring-rrring-rrring, der Wecker klingelt. Raus aus den Betten! Heute ist Draußenspielentag! Drachen steigen lassen und andere tolle Dinge machen, jippiii! > Alle Figuren dürfen die Zahl nach vorne hüpfen, die sie nun würfeln.

A: Gesicht waschen, Haare kämmen und frühstücken. Anschließend Zähne putzen nicht vergessen. Das braucht etwas Zeit, wenn du es gründlich machen willst.
Setze eine Runde mit dem Würfeln aus!

B: Der schmale Steg, der über den Bach führt, ist kaputt. Daher musst du einen Umweg nehmen.
Folge ab der nächsten Runde dem gestreiften Umleitungspfad!

C: Unterwegs hast du dein Halstuch verloren. Gehe ein Stück zurück, um es zu suchen.
Du musst 5 Felder zurück, es sei denn, du verschenkst deine Punkte an einen Mitspieler. Der darf dann 5 Felder vorangehen!

D: Ein Stück des Weges kannst du auf dem Skateboard zurücklegen. Hui, damit bist du schnell!
Du darfst 7 Felder vorrücken!

E: Du gehst durch den Park, in dem eine Sonnenuhr steht. Die wolltest du dir schon immer einmal näher anschauen, so gehst du einmal um die Sonnenuhr herum.
Nimm ab der nächsten Runde den gepunkteten Weg.

F: Dein Freund oder deine Freundin, die dir auf dem Spielbrett am nächsten steht, hat sich den Fuß an einem Stein gestoßen. Du gehst hin und klebst ihr ein Pflaster auf die Wunde.
Befindet sich die nahegelegenste Spielfigur **vor dir: Du darfst bis zu ihrem Feld vorrücken.**
Befindet sich die nahegelegenste Spielfigur **hinter dir: Gehe zurück bis zu dem Feld hinter der Figur.**

Zielfeld (Picknickdecke):
Die Picknickdecke ist bereits in Sicht. Du musst sie punktgenau mit deiner Würfelzahl erreichen. Hast du mehr Punkte gewürfelt, als du benötigst, darfst du jedoch auf die Picknickdecke hopsen, wenn du deine „überschüssigen" Punkte an einen Mitspieler verschenkst.

Kopiervorlage „Spielbrett“

Klebefläche

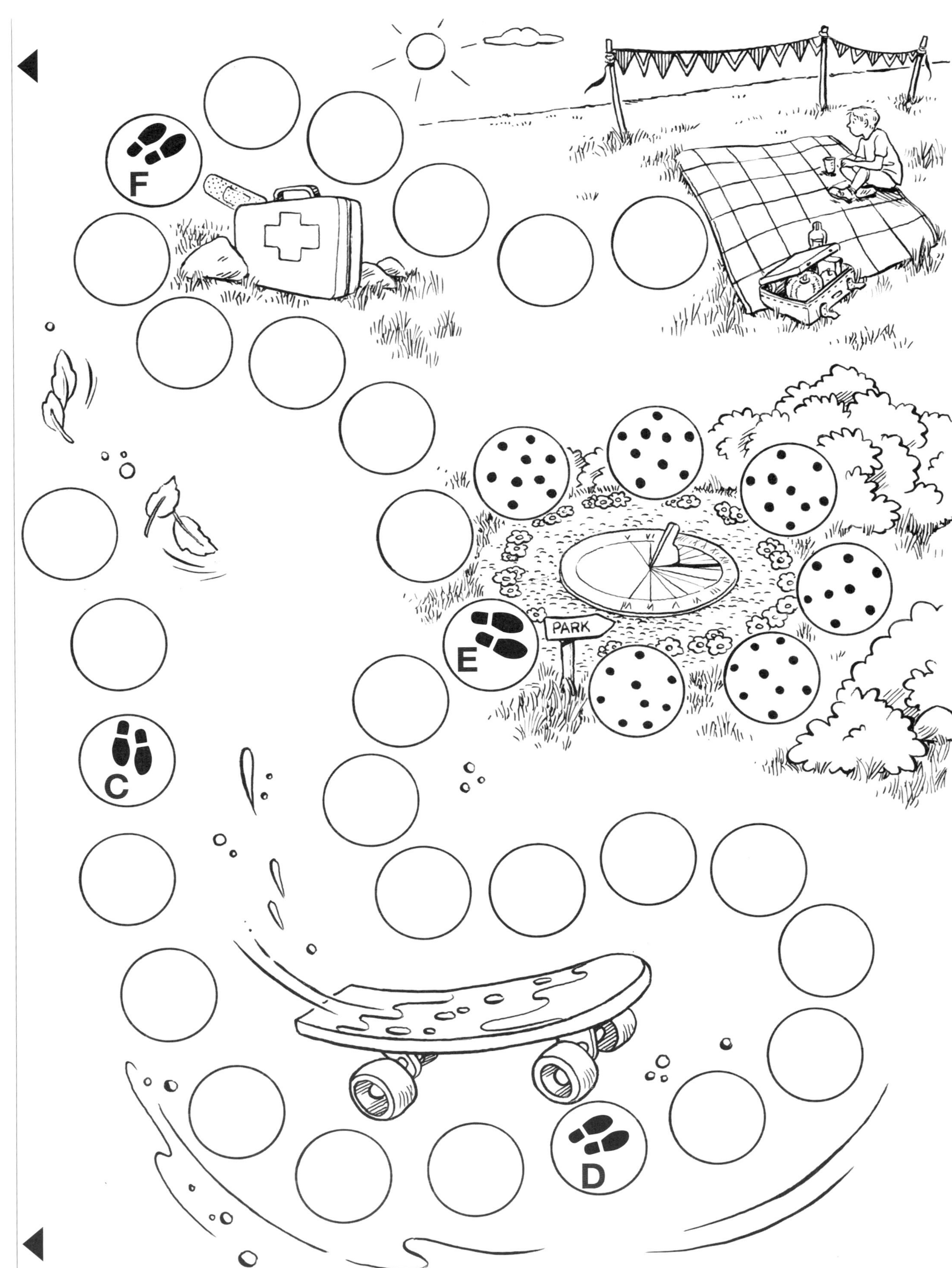

Der Wohlfühl-Park (ab 3 Jahren, für 6–8 Kinder)

Materialien:
Bilderbuch „Für immer“, 1 Erzählstein, bequeme Kleidung, für die **Rückenmassage:** Matten / Decken, Igelball, Massageroller, Waschhandschuh; für das **Gesichtskitzeln:** Matten / Decken, Kopfkissen, 1 Feder, 1 Rasierpinsel, 1 Borstenpinsel; für das **Klangerlebnis:** Matten / Decken, diverse Klangschalen; für die **Atemmeditation:** Matten / Decken, CD-Player, meditative Musik (s. Musiktipps S. 7); für die **Yoga-Asanas:** dünne Turnmatten; für den **Windhauch:** 1 Schwungtuch / 1 großes Baumwolltuch

Vorbereitung:
Bereiten Sie in einem großen Raum die Stationen vor. Es bietet sich an, dass der „Windhauch“ in der Mitte des Raumes platziert wird, während die anderen Stationen drum herum aufgebaut werden sollten. Die Station für die Atemmeditation sollte sich wegen des CD-Players möglichst in der Nähe einer Steckdose befinden. Achten Sie darauf, dass im Raum eine Wohlfühl-Temperatur herrscht, denn die Kinder werden sich nicht viel bewegen.

Arbeitsanleitung:

1. Schlagen Sie im Bilderbuch die Doppelseite mit den kleinen Fotos auf (Buchcover-Innenseite). Die Kinder dürfen sich diese Seiten in Ruhe anschauen. Leiten Sie das Angebot wie folgt ein: „Schaut euch nochmals Egons Familienalbum an. Was meint ihr, wo oder wobei sich Egon sehr wohl gefühlt hat? Wenn wir uns wohlfühlen, geht es uns gut. Dafür müssen wir – wie Egon – gut auf uns selbst achten. Heute möchte ich deshalb mit euch einen Wohlfühl-Park besuchen!“

2. Schleichen Sie mit den Kindern im Gänsemarsch in den vorbereiteten Raum.

3. Gehen Sie mit der gesamten Teilnehmer-Gruppe im Uhrzeigersinn Station für Station durch. Der „Windhauch“ in der Mitte ist die letzte Station. Es kommen alle Kinder unter Ihrer Aufsicht jeweils einmal an jeder Station an die Reihe.

   - **Rückenmassage:** Ein Kind legt sich flach auf den Bauch. Mit den vorhandenen Massageutensilien vorsichtig vom Hinterkopf ausgehend über die Armrückseiten und den Rücken bis hin zu den Beinen vorarbeiten.
   - **Gesichtskitzeln:** Ein Kind liegt auf dem Rücken. Vorsichtig mit den Materialien über Stirn, Wangen und Kinn streichen.
   - **Klangerlebnis:** Das Kind legt sich auf die Matte / Decke. Die Schalen einzeln auf Bauch oder Rücken des Kindes platzieren, sanft und behutsam anschlagen, ausklingen lassen.
   - **Atemmeditation:** Musik sehr leise einschalten; auf dem Rücken liegend Hände flach auf dem Bauch ruhen lassen; Augen schließen; langsam bis drei zählen – einatmen, bis drei zählen – ausatmen.
   - **Yoga-Asanas:**
     Der Baum:
     Die Kinder stellen sich auf das rechte Bein. Sie stellen sich vor, sie seien ein Baum, der fest in der Erde verwurzelt ist. Dann winkeln sie das linke Bein an, indem sie den linken Fuß auf dem Knie des rechten Beines absetzen. Der Po wird dabei angespannt gehalten. Das Körpergewicht ruht auf dem rechten Bein. Nach einer Weile werden die Beine getauscht.

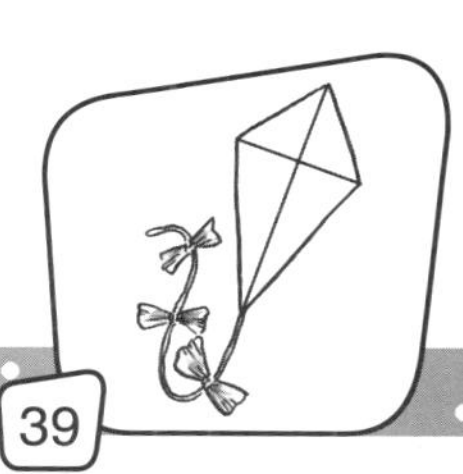

Die Kobra:
Die Kinder legen sich flach auf den Bauch. Der ganze Körper liegt auf dem Boden. Dann stellen sie die Zehenspitzen wie auf dem Bild auf. Sie setzen die Handinnenflächen neben der Brust auf dem Boden ab und drücken die Arme und den Brustkorb nach oben, um sich wie eine Kobra in die Höhe zu strecken.

Der Hund:
Die Kinder knien sich auf allen Vieren auf den Boden. Ihre Hände und Arme sind dabei schulterbreit vor ihnen aufgestellt. Der Po wird, soweit es geht, nach oben gehoben. Dabei werden nun auch die Beine gestreckt.

- **Windhauch:** Die Kinder sitzen in der Mitte des Schwungtuchs / Baumwolltuchs, während die anderen das Tuch an den Seiten fassen und es hoch- und runterbewegen.

4. Danach setzen sich alle Kinder im Kreis auf das nun am Boden ausgebreitete Schwungtuch / Baumwolltuch.

5. Geben Sie den Erzählstein von Kind zu Kind. Jedes Kind darf dabei erzählen, was ihm im Wohlfühl-Park am meisten gefallen hat.

Der Vertrauens-Parcours (ab 3 Jahren, für 8 – 10 Kinder)

Materialien:
Bilderbuch „Für immer“, bequeme Kleidung, 1 Augenbinde pro Kind, 1 Stift, 1 Erzählstein, für die **Blindenführung:** diverse Baumodule (z. B.: Schaumstoff-Klötze oder Sprungkästen), Fühlsteine (Noppen-Platten), 1 Langbank, Hügelkuppen oder „Fluss-Steine“ o. Ä.; für das **Schaukeln:** 1 stabile Decke, 1 dicke Matte; für das **Auffangen:** 1 dicke Matte; für den **Balltransport:** 2 lange Turnstäbe, 1 kleiner Medizinball, Reifen; für das **Karussell:** dünne Matten

Vorbereitung:
Bereiten Sie in einem großen Raum die fünf Stationen vor.

- **1. Station – Blindenführung:** Bauen Sie aus den Materialien eine Straße auf.
- **2. Station – Schaukeln:** Legen Sie die Matte in einer Ecke aus. Sie sollte nicht zu nah an einer Wand sein. Breiten Sie die Decke auf der Matte aus.
- **3. Station – Auffangen:** Legen Sie die dicke Matte auf den Boden.
- **4. Station – Balltransport:** Legen Sie eine „Straße“ aus Reifen. Die Stäbe und der Ball werden bereitgelegt.
- **5. Station – Karussell:** Die Matten werden ebenfalls in eine Ecke gelegt.

Jedes Kind sollte unbedingt seine eigene Augenbinde erhalten und nur diese benutzen. Legen Sie daher genügend Augenbinden bereit und kennzeichnen Sie diese mit dem Namen des Kindes (ggf. mit einem Non-Permanent-Stift, so wird die Beschriftung beim Waschen der Augenbinden wieder entfernt).

Durchführung:

1. Die Kinder ziehen sich ihre bequeme Kleidung an.

2. Schlagen Sie im Bilderbuch zunächst die Doppelseite 20 / 21 auf. Leiten Sie das Angebot etwa so ein: „Erinnert ihr euch noch, wie sich Egon hier gefühlt hat?“
   Impulse: *Er fühlte sich: allein, einsam, hilflos, ohne Freund / Ferdinand / Familie, unverstanden …*

3. Blättern Sie zurück zur Doppelseite 18 / 19 und führen an: „Seht, Egon fühlt sich, als ob er fällt und niemand ihn auffängt!“

4. Nun betrachten Sie mit den Kindern die Doppelseite 24 / 25. Fragen Sie die Kinder: „Was wird hier deutlich?“, „Wie mag sich Egon hier fühlen?“, „Egon hat liebe Menschen an seiner Seite, denen er vertrauen kann, auf die er sich verlassen kann! Denkt ihr, das hilft ihm?“

5. Leiten Sie das Angebot ein: „Heute wollen wir erfahren, was es heißt, sich anderen anzuvertrauen, sich auf andere verlassen zu können. Auf zum Vertrauens-Parcours!“. Dann durchlaufen die Kinder nacheinander Station für Station.

   - **1. Station – Blindenführung:** Die Kinder finden sich zu Paaren zusammen. Ein Kind bekommt die Augenbinde umgebunden. Das Partner-Kind führt es dann an der Hand oder an der Schulter fassend über die „Straße“.

   - **2. Station – Schaukeln:** Jeweils ein Kind legt sich auf die ausgebreitete Decke. Alle Kinder fassen die Decke an den beiden kurzen Seiten und schaukeln das Kind vorsichtig. **Achtung:** Die Decke sollte unbedingt straff gezogen sein. Niemand darf die Decke loslassen.

- **3. Station – Auffangen:** Zwei Erwachsene stellen sich so gegenüber, dass sie sich anschauen können. Ein Kind stellt sich zwischen die beiden Erwachsenen, und zwar mit dem Gesicht zum einen und dem Rücken zum anderen. Die Erwachsenen prüfen nun noch einmal ihren Abstand, da sie das Kind auffangen müssen. Das Kind lässt sich dann abwechselnd vorwärts zum einen Erwachsenen fallen und rückwärts zum anderen. Die anderen Kinder können sich zwecks „Verstärkung" hinter die Erwachsenen stellen und beim Auffangen helfen.

- **4. Station – Balltransport:** Jeweils zwei Kinder stellen sich gegenüber. Zwischen ihnen verläuft die Reifen-Straße. Sie fassen sich an den beiden Stäben, das sind ihre „verlängerten Arme". Legen Sie den Medizinball in die Mitte auf die Stäbe. Die Kinder transportieren nun den Medizinball, während sie sich an der Straße entlang fortbewegen. Der Ball darf nicht herunterfallen. Die übrigen Kinder sind die Schiedsrichter.

- **5. Station – Karussell:** Die Kinder finden sich in Paaren zusammen. Sie stellen sich zu zweit auf die Matten, halten sich fest an den Händen und drehen sich im Kreis.

6. Schieben Sie eine große Matte in die Mitte des Raumes. Alle Kinder setzen sich darauf.

7. Geben Sie den Erzählstein rund. Wenn ein Kind den Stein hat, darf es erzählen. Die Kinder berichten dann, wie sie sich gefühlt haben. Konnten sich die Kinder gut auf die Übungen einlassen?
   Die Kinder könnten hier zum Beispiel Antworten auf Fragen geben, wie:
   - Hat mein / e Partner / in mich sicher geführt? (Blindenführung)
   - Haben alle Kinder die Decke gut festgehalten, sodass ich nicht auf die Matte gefallen bin? (Schaukeln)
   - Wurde ich von den Erwachsenen gut aufgefangen? Hat es etwas gedauert, bis ich mich wirklich fallenlassen konnte? (Auffangen)
   - Haben wir die Aufgabe gemeinsam gut bewältigt? (Balltransport)
   - Hat mein / e Partner / in mich nicht losgelassen? Wurde ich gehalten? (Karussell)

Meine Familie & ich I: Wer gehört dazu? (ab 3 Jahren)

Materialien:
Bilderbuch „Für immer", Kopiervorlage „Elternbrief" (s. S. 44), Buntstifte, ggf. 1 Stabpuppe „Egon"/1 männliche Puppe als Egon (s. S. 20)

Arbeitsanleitung:

1. Die Kinder sitzen im Stuhlkreis. Verstecken Sie Egon hinter Ihrem Rücken. Leiten Sie das Angebot wie folgt ein: „Ich habe euch heute Besuch mitgebracht. Es ist jemand, den ihr schon kennt.
2. Allmählich kommt Egon hinter ihrem Rücken hervor. Er begrüßt jedes einzelne Kind: „Hallo *(Name)*! Ich freue mich, dass ihr alle hier seid! Freunde zu haben ist etwas sehr Schönes! Eine Familie zu haben ist wunder-wunderschön!".
3. Egon zeigt den Kindern das Fotoalbum seiner Familie. Schlagen Sie dazu die Doppelseite mit den kleinen Fotos auf (Buchcover-Innenseite).
4. Legen Sie Egon in der Kreismitte ab und gehen Sie mit dem Buch an den Kindern vorbei. Lassen Sie den Kindern dabei genügend Zeit, um die kleinen Bilder zu betrachten.
5. Gehen Sie auf die einzelnen Familienmitglieder ein: Mama, Papa, Großeltern, Ferdinand.
6. Sprechen Sie mit den Kindern darüber, dass gemeinsame Erlebnisse und der Zusammenhalt in einer Familie Geborgenheit geben können. Sprechen Sie auch darüber, dass es glückliche und traurige Zeiten (z. B. der Tod des Haustieres) innerhalb einer Familie gibt. Eine Familie kann fröhlich machen und bei Traurigkeit Trost spenden.
7. Die Kinder benennen danach, wer alles zu ihrer Familie gehört. Dabei werden sie feststellen, dass sie zum Beispiel einen Bruder oder eine Schwester haben – im Gegensatz zu Egon, der keine Geschwister hat. Oder sie möglicherweise gar keine Oma oder keinen Opa mehr haben – ähnlich wie bei Egon, dessen Papa für immer fort, im Herzen jedoch „irgendwie noch da" ist.
8. Egon klappt sein Familienalbum zu und verabschiedet sich von den Kindern.
9. Bitten Sie die Kinder nun, ihre Eltern nach Fotos von ihren Familienangehörigen zu fragen und diese mit in den Kindergarten zu bringen. Teilen Sie die Elternbriefe aus. Die Kinder können sie bunt anmalen und dann bei Abholung ihren Eltern geben.

Kopiervorlage „Elternbrief“

Liebe Eltern,

im Rahmen eines Literacy-Projektes möchten wir mit den Kindern jeweils ihren „Familien-Stammbaum“ gestalten.

Aus diesem Grund wird Ihr Kind Sie nach Fotos von Familienangehörigen fragen.

Bitte geben Sie Ihrem Kind bis zum _____ . _____ . _________ Fotos mit von: Ihrem Kind selbst, von Ihnen (Mutter, Vater), von den Geschwistern des Kindes, von den Großeltern sowie von Haustieren, die in der Familie leben.

Bitte geben Sie den Kindern auch Fotos von möglicherweise bereits verstorbenen Angehörigen mit.

Herzlichen Dank für Ihre Mitarbeit!

Meine Familie & ich II: Stammbaum gestalten

Materialien:
Kopiervorlage „Stammbaum“ (s. S. 46), Kopiervorlage „Schablone“ (s. u.), Buntstifte, pro Kind 1 Schale, Scheren, 1 kleiner Bogen Tonkarton, Klebestifte, ggf. Glasrahmen, ggf. 1 Stabpuppe „Egon“/ 1 männliche Puppe als Egon

Vorbereitung: Fertigen Sie die runden Schablonen aus Tonkarton an.
Für den Abschluss stellen Sie einen großen Stuhlkreis auf.

Arbeitsanleitung:
1. Immer vier Kinder nehmen am Arbeitstisch Platz. Sie legen ihre mitgebrachten Fotos in eine Schale.
2. Wenn Sie möchten, erscheint nun Egon und begrüßt die Kinder. Er zeigt sich ganz neugierig, welche Fotos sie mitgebracht haben.
3. Reihum darf jedes Kind seine Fotos zeigen und die Familienangehörigen benennen. Die Fotos werden zunächst wieder in die Schalen zurückgelegt.
4. Jedes Kind erhält nun einen Blanko-Stammbaum, den es bunt anmalen darf.
5. Zeichnen Sie auf den Fotos mit Hilfe der Schablone einen Kreis um die jeweils auszuschneidende Person. Wenn das Bild zu klein für die Schablone sein sollte (z. B. bei einem Passfoto), können Sie dem Kind ggf. helfen, das Foto an den Ecken einfach etwas abzurunden.
6. Die Kinder schneiden die Bilder dann aus.
7. Nun kleben alle Kinder gemeinsam:
   - zunächst sich selbst auf ihren Stammbaum,
   - es folgen die Geschwister auf den Ästen neben dem Kind,
   - sodann die Eltern auf den Ästen über dem Kind
   - und die Großeltern jeweils auf den Ästen über den Elternteilen.
   - Zuletzt finden ggf. auch die Haustiere einen Platz im Schatten des Baumes.
8. Haben alle Kinder ihren Stammbaum erstellt, gibt es eine Abschlussrunde im großen Kreis. Egon kann wieder zum Einsatz kommen, wenn Sie möchten. Er ist sehr gespannt und freut sich, die Familien der Kinder kennenzulernen.
9. Jedes Kind hat nun die Möglichkeit, etwas zu seinem Stammbaum zu sagen.
   Mögliche Impulse und Fragen:
   Wie heißen die Angehörigen mit Vornamen? Ist bereits jemand verstorben? Hast du jemanden besonders lieb? Gibt es besonders schöne/traurige Erlebnisse? Was macht in der Familie am meisten Freude?

Tipp:
Die Stammbäume können eingerahmt und mit nach Hause gegeben werden.

Kopiervorlage „Schablone“

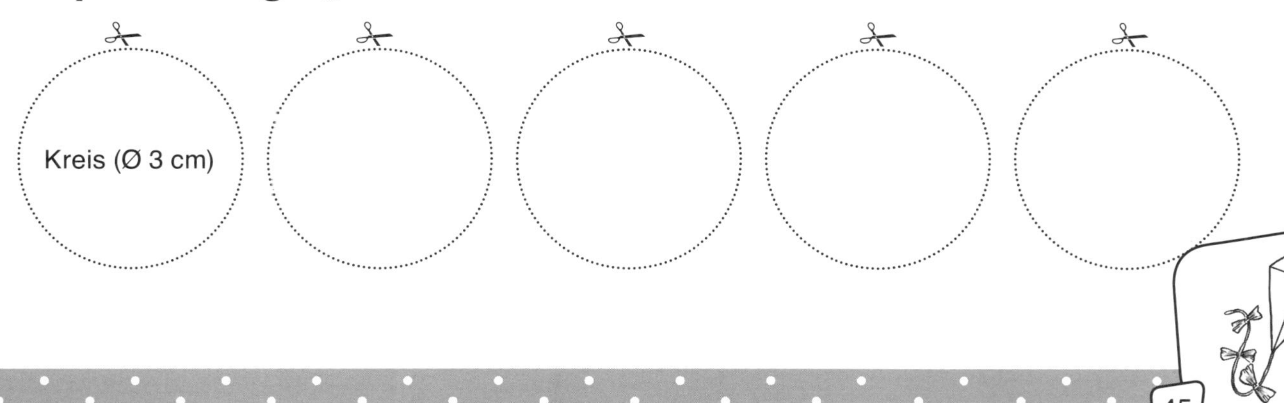

Kopiervorlage „Stammbaum“

Freude, Trauer, Wut, Angst – und ich? (ab 3 Jahren)

Materialien:
Bilderbuch „Für immer“, Kopiervorlage „Bildkarten zu Marie“ (s. S. 48), Kopiervorlage „Texte zu Marie“ (s. S. 49), Kopiervorlage „Gefühlsuhr“ (s. S. 50), Buntstifte, 1 Schere, 1 Kleber, 1 Schale, Wäscheklammern in (pro Kind von jeder Farbe eine) Lila (Trauer), Rot (Wut), Gelb (Freude), Blau (Angst), ggf. Laminiergerät und -folie

Vorbereitung:
Drucken Sie die einzelnen Bildkarten in DIN A4 aus. Gestalten Sie diese farbig. Die Texte über Marie drucken Sie ebenso aus und kleben diese jeweils auf die Rückseiten der Bildkarten. Wenn Sie möchten, laminieren Sie die fertigen Karten. Schneiden Sie die Gefühlsuhr aus und laminieren Sie diese ebenfalls bei Bedarf. Selbstverständlich können Sie die Vorbereitungen auch mit einigen Kindenr machen.
Stellen Sie einen weiträumigen Stuhlkreis auf. Platzieren Sie die Gefühlsuhr mit der Rückseite nach oben liegend in der Kreismitte. Die Bildkarten legen Sie verdeckt unter Ihrem Stuhl bereit.

Arbeitsanleitung:
1. Leiten Sie das Angebot etwa so ein: „Ich möchte euch heute ganz kleine Geschichten von Marie erzählen. Marie kennt ihr noch nicht. Sie ist ein Mädchen, so alt wie ihr. Sie geht auch in einen Kindergarten. Schaut einmal her …“
2. Beginnen Sie mit der Bildkarte „Trauer“. Zeigen Sie den Kindern das Bild. Lassen Sie die Kinder nun überlegen, wie sich Marie fühlt. Lesen Sie ihnen dann den Text auf der Karten-Rückseite vor.
3. Lassen Sie die Kinder wiederholen, warum Marie traurig ist.
4. Nehmen Sie Bezug zu Egon (Bilderbuch, Doppelseite 8 / 9) und stellen Sie mit den Kindern nochmals gemeinsam heraus, warum Egon traurig ist.
5. Lassen Sie die Kinder feststellen, dass es also verschiedene Gründe gibt, warum jemand traurig sein kann.
6. Fragen Sie sie: „Wer von euch war schon einmal traurig?“
7. Kinder, die sich melden, dürfen sich jeweils eine lila Klammer aus dem Körbchen nehmen. Sie wenden die Gefühlsuhr. Die Kinder können ihre Klammer an das Kreisfeld mit dem traurigen Gesicht heften.
8. Nun erhalten die Kinder die Gelegenheit zu erzählen, warum sie traurig waren. Wurden sie getröstet? Wenn ja, durch wen oder was?
9. Zeigen Sie jetzt die Bildkarte „Freude“. Erzählen Sie von Marie und gehen Sie in sämtlichen Punkten vor wie bereits bei der Bildkarte „Trauer“.
10. Nehmen Sie Bezug zu Egon (Bilderbuch, Doppelseite 24 / 25).
11. Nutzen Sie dann die gelben Klammern für alle Kinder, die schon einmal fröhlich waren.
12. Als Nächstes kommt die Bildkarte „Angst“ an die Reihe. Gehen Sie wie bei den beiden anderen vor.
13. Stellen Sie wieder den Bezug zu Egon her (Bilderbuch, Doppelseite 18 / 19).
14. Nutzen Sie nun die blauen Klammern für die Gefühlsuhr.
15. Danach verfahren Sie ebenso mit der Bildkarte „Wut“.
16. Der Bezug zu Egon ist hier nicht ganz einfach und noch schwieriger zu erkennen als bei „Angst“: Auf der Doppelseite 16 / 17 lässt sich erahnen, dass Egon neben seiner Trauer bestimmt auch wütend ist. Denn er mag die Erwachsenen nicht, die so blöde herumalbern. Für ihn ist gerade nicht der richtige Zeitpunkt, um herumzualbern. Die Erwachsenen nehmen Egon also nicht ernst in seiner Trauer. Ein Mann spielt sogar mit Egons Drachen, obwohl dieser Egon so wichtig ist. Im Buch gibt Egon niemand anderem diesen Drachen, noch nicht einmal seinem Freund am Ende der Geschichte. Egon ist der Einzige, der ihn immer hält.
17. Hier kommen die roten Klammern zum Einsatz. Die Kinder werden anhand ihrer Klammern feststellen, dass wahrscheinlich alle Kinder die vier genannten Gefühle von sich kennen.

Kopiervorlage „Bildkarten zu Marie“

Freude

Trauer

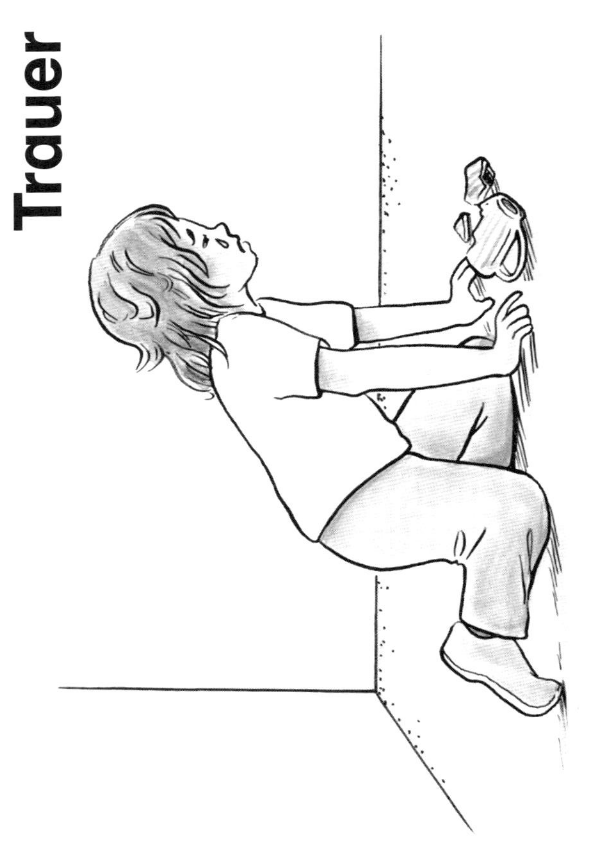

Angst

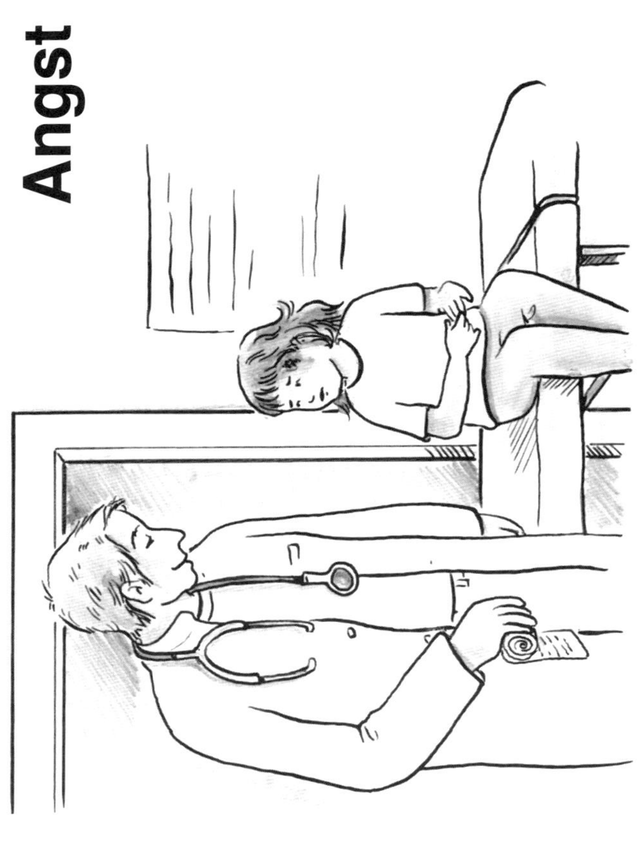

Wut

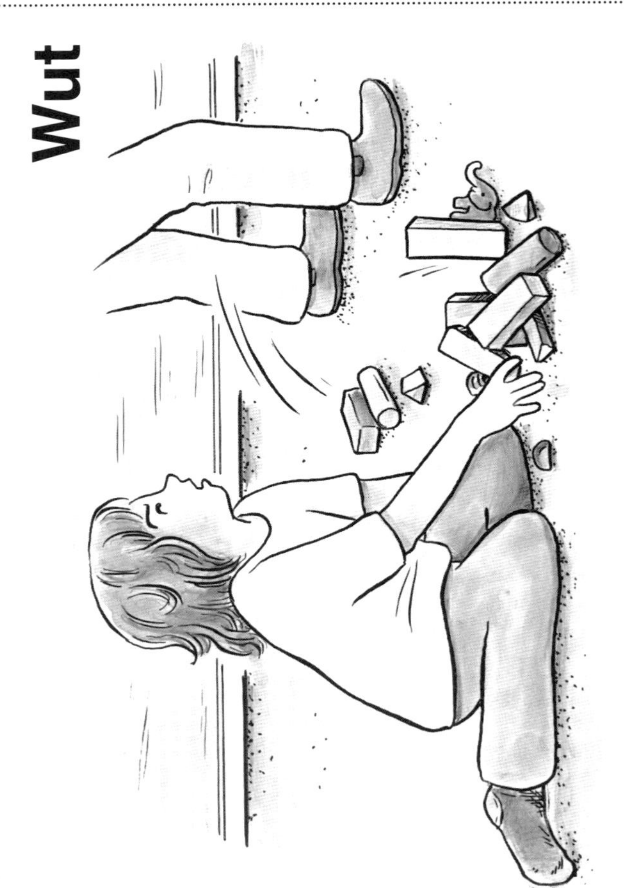

Kopiervorlage „Texte zu Marie“

Trauer
Mir ist gerade etwas ganz Blödes passiert. Ich habe eine Tasse zerbrochen. Das war nicht irgendeine Tasse, nein, es war meine allerliebste Lieblingstasse. Sie war ein Geschenk von Uroma Gertrud. Uroma Gertrud ist nicht mehr bei uns, sie ist vor ein paar Wochen gestorben. Deshalb macht es mich besonders traurig, dass die Tasse nun kaputt ist. Sie hat mich immer an meine liebe Uroma erinnert.

Freude
Hey, heißa! Heute ist ein schöner Tag! Ich habe nämlich Geburtstag. Ganz viele Geschenke habe ich ausgepackt: ein Buch, Buntstifte, Ringelsocken, von Onkel Rudi gab es sogar einen neuen Roller! Mama hat eine Riiiesentorte für mich gebacken.
Das Allerallerschönste an meinem Geburtstag aber ist, dass alle meine Freunde da sind. Und meine Familie. Und dass wir gemeinsam spielen, lachen, toben und alle fröhlich sind.

Wut
Grrr! Fast wäre mir eines dieser Müllwörter herausgerutscht.
Ich habe den ganzen Morgen mit Kylie zusammen einen Park gebaut. Der hatte sogar einen Spielplatz und einen Ententeich. Und dann ist Frederik gekommen und hat ihn kaputt getreten. Einfach so! Und darüber gelacht hat er auch noch. Ich bin so sauer darüber. Am liebsten würde ich nie wieder mit ihm spielen würde. Ulricke, unsere Erzieherin, hat mit Frederik geschimpft.
Als Entschuldigung will er ein Versöhnungsbild malen.

Angst
Aua, mein Kopf! Das war vielleicht ein Rumms! Ich wollte bloß schnell zu meinem Bruder Mike ins Zimmer laufen, als er die Türe zuschlug – und sie mir gegen den Kopf geknallt ist. Natürlich nicht mit Absicht. Jetzt bin ich im Krankenhaus, und ich habe Angst, weil ich ja nicht weiß, was der Arzt mit meiner Stirn macht. Papa hält meine Hand und sagt, dass der Arzt ganz vorsichtig einen Verband um die Stirn macht und es ganz sicher nicht so wehtun wird. Es ist gut, dass Papa jetzt bei mir ist.

Kopiervorlage „Gefühlsuhr“

Bitte auf DIN A3 hochkopieren

Unser Tröstekoffer (ab 5 Jahren)

Materialien:
Bilderbuch „Für immer“, 1 leerer Koffer, 1 verschließbarer blickdichter Beutel, verschiedene Gegenstände (pro Kind einen), 1 Musik-CD o. Ä., 1 Bilderbuch, 1 Päckchen Taschentücher, 1 Massageball, 1 Feder, 1 Kühlpad, 1 kleines Spiel, 1 kleines Kissen, 1 Kuscheltier u. v. m.

Vorbereitungen:
Stecken Sie die Utensilien in den Beutel und verschließen Sie ihn mit einem Band. Stellen Sie einen Stuhlkreis. Platzieren Sie in der Mitte des Kreises den leeren, geschlossenen Koffer. Den Beutel halten Sie noch verdeckt.

Arbeitsanleitung:
1. Beginnen Sie dieses Angebot mit der Foto-Doppelseite des Bilderbuches ganz vorne oder hinten. Sprechen Sie mit den Kindern über die Gefühle, die sie von den Bildern ableiten können. Gehen Sie dann nochmals auf das Verhalten der Erwachsenen nach dem Tod von Egons Papa und auf Egons Gefühle ein:

   - Seiten 14 / 15: Die Erwachsenen flüstern und schauen Egon traurig an und streicheln ihm sogar über den Kopf. Egon findet dieses Verhalten „komisch“ und „seltsam“. Er hätte gerne, dass sie normal mit ihm sprechen.
   - Seiten 16 / 17: Die Erwachsenen übergehen Egons Gefühlslage. Sie wollen ihn zum Lachen bringen. Egon ist jedoch nicht nach Lachen zumute. Er verspürt Traurigkeit.
   - Seiten 20 / 21: Die Erwachsenen bleiben stumm. Egon fühlt sich alleingelassen.

   Wichtig ist hierbei das gemeinsame Erarbeiten der Schlussfolgerung: So wie wir fröhlich, wütend und ängstlich sind, dürfen wir auch traurig sein. Dennoch kann es schön sein, wenn liebe Menschen bei uns sind und uns trösten.
2. Die Kinder überlegen, was Egon in seiner Traurigkeit wohl eher geholfen hätte, zum Beispiel, wenn jemand ganz normal mit ihm geredet oder seine Traurigkeit akzeptiert hätte, zum Beispiel mit ehrlich gemeinten Sätzen wie: „Es tut mir leid, dass dein Papa verstorben ist!“, „Du darfst ruhig weinen!“, „Ich bleibe bei dir!“.
3. Danach leiten Sie dazu über, dass auch die anwesenden Kinder jemanden trösten können, wenn sie oder er traurig ist.
4. Zeigen Sie ihnen dann den Tröstekoffer. Erklären Sie ihnen: „Wir wollen nun gemeinsam einen Tröstekoffer packen – mit lauter Dingen, die uns Menschen guttun und die helfen, Trost zu spenden.“
5. Ein Kind darf den Koffer in der Mitte aufklappen.
6. Dann gehen Sie mit dem Beutel herum. Das erste Kind darf hineingreifen. Glaubt es, einen Gegenstand erkannt zu haben, darf es ihn benennen und herausziehen.
7. Anschließend stellt das Kind den „Trost-Gegenstand“ im Kreis vor, zum Beispiel, dass es einem traurigen Kind mit dem Massageball eine tolle Wohlfühlmassage geben kann.
8. Nach und nach werden die Gegenstände in den Koffer gepackt.

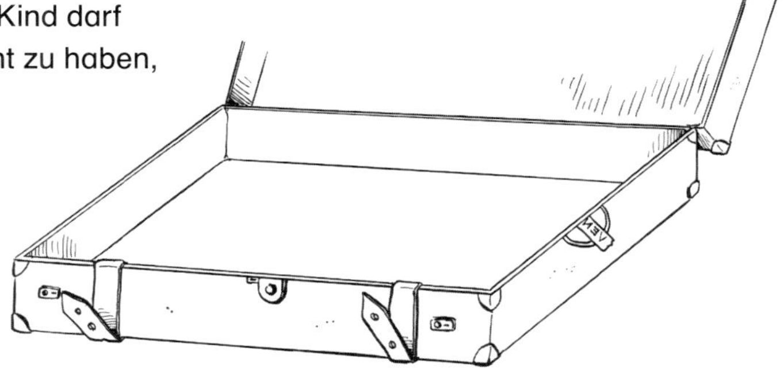

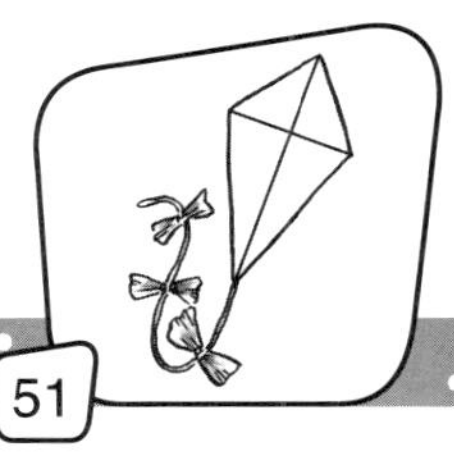

Und wenn jemand gestorben ist? – Sprechen wir darüber!

(ab 5 Jahren)

Materialien:
Kopiervorlage „Poster“ (s. u.), 1 Magnetwand o.Ä., 4 Magnete, evtl. meditative Musik (s. Medientipps, S. 7)

Arbeitsanleitung:

1. Heften Sie das Poster auf Augenhöhe der Kinder an die Magnetwand.
2. Folgende Impulse können das Gespräch mit den Kindern einleiten: „Ihr wisst ja bereits, wenn jemand gestorben ist, dürfen wir traurig sein und das dürfen die anderen Menschen auch sehen. So wie auch Egon traurig war.“
3. Erklären Sie Ihnen, dass Menschen unterschiedlich mit Trauer umgehen. Auf dem Poster können die Kinder daher verschiedene Möglichkeiten sehen. Manche Menschen zünden eine Kerze an, wenn ein anderer Mensch oder ein Tier gestorben ist. Manche Menschen sprechen ein Gebet oder machen die Dinge, an denen der gestorbene Mensch Freude hatte.
4. Die Kinder erzählen nun, was sie auf dem Poster sehen. Lassen Sie die Kinder frei sprechen und auch erzählen, ob und wie sie schon einmal getrauert haben.

Kopiervorlage: Poster

Bitte hochkopieren